KB231101

하늘의 것
땅의 것

하늘의 것 땅의 것

초판 1쇄 인쇄 | 2019년 1월 1일
초판 1쇄 발행 | 2019년 1월 1일

지은이   백 대 현
펴낸곳   도서출판 정기획(Since 1996)
출판등록   2010년 8월 25일(제2012-000003호)
주소   경기도 시흥시 서촌상가4길 14
전화번호   (031)498-8085
팩스   (031)498-8084
홈페이지   cad96.com
이메일   cad96@chol.com
블로그   http://blog.daum.net/cad96

편집/디자인 (주)북랩 김민하
제작처   (주)북랩 www.book.co.kr

ISBN   979-11-953953-7-8 03230(종이책)   979-11-953953-8-5 05230(전자책)

이 도서의 국립중앙도서관 출판예정도서목록(CIP)은 서지정보유통지원시스템 홈페이지(http://seoji.nl.go.
kr)와 국가자료공동목록시스템(http://www.nl.go.kr/kolisnet)에서 이용하실 수 있습니다.
(CIP제어번호 : CIP2018042634)

하늘의 것
땅의 것

백대현 지음

Baek Daehyun Miscellany

땅의 좋은 음식을 먹어야 건강한 육체로 성장하고,
하늘의 옳은 말씀을 들어야 영혼도 바르게 성장한다!

도서출판 정기획

우리나라는, 일백삼십여 년 전 기독교가 전해지기 전까지 유교
와 불교가 국민의 기본 정서와 사상의 중심에 있었다. 이는 유교
와 불교가 우리나라의 건국이념인 홍익인간(弘益人間)의 정의와 그
지향점이 비슷했기 때문이다.

홍익인간은 삼국유사의 단군 신화에서 유래한다. 또한 정의는
'널리 인간을 이롭게 한다.'이다. 건국이념은 현재 우리나라의 정
치, 경제, 사회, 문화 등 모든 분야 바탕에 깔려 있다. 특히 그중
에서도 교육에 관한 이념은 그 어느 것보다 중요하게 내포되어
있다.

그러나 김영돈의『살피자 홍익인간』을 보면, 홍익인간의 본래 뜻
과 기본적 정의가 약간 상이한 점을 발견할 수 있다. 김영돈은
'널리 인간세계를 이롭게 한다.'는 일본식 해석이라고 했다. 그는

그 이유로 옥편을 증거로 삼았다. '널리'로 해석하는 '홍(弘)'과 '이롭게 한다'고 해석하는 '익(益)'의 한자 뜻은 없다고 했다. 즉 홍(弘)은 클 또는 크게 할로, 익(益)은 더할, 도울, 많을, 나갈, 넘침 등으로 널리나 이롭게 하고는 거리가 있다는 것이다. 김영돈은 홍익(弘益)의 올바른 뜻을 '크게 더하다 또는 돕다.'로 해석하고 홍익인간을 '크게 돕는 인간'으로 정의해야 한다고 주장했다.

물론 홍익인간의 일본식 표현이든 김영돈의 주장이든 우리가 생활하는 데 아무 지장도 없고 유익한 내용을 담고 있는 건 맞다. 단지 교육의 중요성과 참된 교육만이 인간의 영혼을 온전하게 성장시킨다는 것을 말하기 위함이다.

인간은 눈에 보이지 않는 영혼과 눈에 보이는 육체가 하나가 되어 움직이는 생물이다. 구약성경 창세기 2장 7~8절에 보면, 창조주께서 흙으로 몸을 만든 후 만들어진 코에 생기를 넣어서 움직이게 되었다고 했다. 창조주는 영육을 동반 성장시키기 위해 각기 섭취(攝取)할 것을 주셨다. 육체를 발달시키는 것은 오늘 우리가 먹고 마시는 음식이고 영혼을 성숙하게 하는 것은 창조주, 즉 하나님 말씀을 최우선으로 여러 공부를 통해 얻게 되는 것이다.

섭취란, 좋은 요소를 받아들임이 전제되어야 한다. 이 말은 좋은 음식을 먹어야 건강한 육체로 성장하고 옳은 말씀이 있어야 영혼도 바르게 성장한다는 것을 의미한다.

이 책의 제목, 『하늘의 것 땅의 것』에서 '것'은 사전적 정의대로 사물이나 일, 현상 등 추상적인 의미를 가리킨다. 다만 이 책에서는 범위를 좁혀 그 정의를 내려 보면, 하늘의 것은 하나님이 원하는 것이고 땅의 것은 인간이 원하는 것으로 이해하면 된다. 세상에는 보이든 보이지 않던 '것'이 참 많다. '것'을 두고 인간 각자가 어떻게 판단해서 선택하고 결정하는가는 매우 중요하다.

인간 각자가, 살아생전 동시대 혹은 후세에게 인간의 본질적인 물음을 앞에 두고 인간의 정신적, 가치적인 삶을 위한 방법을 남기기 위해 노력하고 떠났는지 아니면 부와 명예, 권력 등을 이루거나 갖기 위해 눈에 보이는 물질적, 수단적 삶을 위해 살았는지 이것은 하늘의 것과 땅의 것 중에 어느 것에 내 삶의 추를 두었는지를 말한다.

사실 인간으로 살면서 인간에게 예민하게 다가오는 권력, 명예, 재산 등은 인간이면 누구나 가지고 싶어 하는 욕망이다. 보통 사람들이 인간의 성공 기준과 가치를 거기에 두고 있으니 어찌 눈에 보이지 않는 가치추구에 전력을 다할 수가 있겠느냐는 말이다. 인간으로서 땅의 것에 성공기준을 두고 판단하는 사람들이 있다면 어떤 것 또는 무엇을 우선해야 땅의 것이 내 손 안에 쥐어지는지 아래 내용을 참고할 필요가 있다.

2집 『세상과 하늘 사이』 서문에서도 짧게 언급했다시피, 인간은 누구나 할 것 없이 태어날 때 성별도 부모도 국가도 내가 선택한 것은 한 가지도 없다. 이것을 나란 사람이 현재까지 존재하게 된 과정을 예를 들어 보겠다.

아버지와 어머니가 우연히 만나 사랑을 하고 결혼을 했다. 신혼여행을 다녀오고 크든 작든 살 집에서 깨알 같은 시간을 보내다가 생명이 잉태된다. 어머니 뱃속에서 10개월을 무사히 지내다가 때가 되면 큰소리로 한번 지르고 세상에 나온다. 이 과정을 포함하여 내가 울음을 터트린 병원이 속해 있는 지역이나 국가도 내가 선택한 지역이나 국가가 아니라는 것을 자연스럽게 알게 된다. 육신적인 부모를 통해 나와 보니 대한민국이었던 것이다.

그렇다면 내가 태어난 대한민국을 잠시 살펴보자. 우리나라는 불과 몇십 년 전만 해도 후진국 대열의 중심이었다. 중세나 근대의 역사를 차치하고 우리나라는 일제 점령기와 민족 간 전쟁으로 국토가 황폐화되고 인간의 가장 기본적인 욕구인 의식주조차 부족한 시대를 겪으면서 위정자들은 의식주 해결을 위해 전심을 다했다. 동시대 사람들은 누구 할 것 없이 현장에서 몸과 마음을 다해 경제 발전을 위해 밤낮으로 일했다. 그런 피나는 노력의 결과로 현재는 먹고 마시고 자는 기본적인 욕구는 거의 해결했다. 여기까지가 오늘 현재 내가 태어난 과정과 현재의 모습이다.

여기서 해결이라는 것은 눈에 보이는, 즉 땅의 것 중 하위 단계를 말한다. 그러나 더 높은 땅의 것만을 삶의 최우선으로 삼다 보니 인간의 근본에 해당하는 사람됨, 즉 인성의 중요성을 놓친 결과 영과 혼의 메마름과 죽어감으로 이어지게 되었다.

21세기 우리나라는 엄청난 경제 발전을 이루었다. 그로 인해 의식주 문제가 거의 해결되면서 오히려 음식을 너무 많이 섭취해 다이어트하기에 바쁜 실정이다. 입던 옷도 헤져 버리기보다는 유행이나 질림 등으로 버린다. 주택문제는 아직도 진행된다고 할 수 있지만 과거보다 자기 집 가진 자들의 비율이 높아진 건 부인할 수 없을 것이다. 남보단 더 좋은 더 나은 땅의 것을 쫓다 보니 당연히 하늘의 것을 챙길 여력이 없었다. 그러나 하늘의 것을 놓치면서 땅의 것을 추구하는 것이 어떤 결과를 나오게 하는지 세계 최강대국인 미국과 미국의 영향력에서 자유로울 수 없는 우리나라의 현재를 연결해서 보면 금방 이해가 될 것이다.

미국은 불과 이백오십여 년 전에 신앙의 자유를 위해 대서양을 건넌 청교도 사상을 가진 자들이 기초가 되어 세워진 나라다. 후 손들은 그 뜻을 이어받아 대통령 취임 시 성경에 손을 얹고 선서 를 한다거나 달러에 "우리는 신(하나님)을 믿는다(IN GOD WE TRUST)." 라고 인쇄하면서까지 하나님을 경외한다는 것은 알 만한 사람들 은 다 안다. 미국을 실질적으로 움직이는 유대인(이스라엘)은 더 놀 랍다. 우리 눈에 보이는, 즉 땅의 것에서 이런저런 분야에서 성공 한 사람이나 그로 인해 위인으로 기록된 사람이 많다는 것은 국 가마다 자랑거리다. 그런 면에서 유대인은 국토의 면적이나 인구 수 등에 비례하면 엄청난 업적을 이룬 민족이다. 유대인이 세상 에 해놓은 결과를 보면 쉽게 납득할 수 있다. 전체 노벨상의 30% 를 가져간 결과는 이미 다 알려져 있고 미국의 역대 대통령이었 던 루스벨트, 아이젠하워, 케네디 등을 포함하여 과학자 아인슈 타인, 사업가 록펠러, 음악가 쇼팽, 수학물리학자 뉴턴, 영화감독 스티븐 스필버그, 정신분석학자 프로이트, 철학자 스피노자와 현 재에 이르러서는 페이스북 창업자 마크 저커버그, 구글 설립자 래리 페이지 등도 유대인이다. 또한 유대인은 미국의 100대 기업 중 거의 1/3을 소유하고 있고 미국의 대형 방송국을 포함하여 언 론에도 큰 영향을 주고 있다. 유대인은 세계사에 큰 획을 그은 위인만이 아니라 각종 경제 관련 분야 등을 포함하여 살펴보더라도 유대인의 위대성은 결코 작다고 말할 수 없다는 것이다.

우리나라는 정치, 경제, 사회 등 전 분야에서 미국의 영향력에서 자유로울 수 없다. 그 이유는 기독교 사상을 캐나다와 호주 등과 더불어 미국 선교사들에 의해 주로 전수받았기 때문이다. 그로 인하여 사회 각 분야에서 미국의 제도를 거의 그대로 받아들였다.

미국이 세계를 호령하는 강한 국가로 이어진 근본 이유는 그들 스스로의 노력이라기보다는 절대적인 하나님의 은혜와 계획이었다. 그러나 근래에 들어오면서 하나님과 성경 중심에서 자본주의의 중심으로 변모되면서 여러 통계를 통해 여실히 드러나고 있듯이 내리막길을 걷고 있다. 하늘의 것 즉 하나님과 성경에 집중하던 미국이 물질이라는 땅의 것을 추구하게 되면서 일어난 당연한 결과일 것이다.

미국의 흐름은 우리나라로 이어진다. 우리나라의 전통교육, 즉 유교(유학)와 불교 등은 미국이 초창기 하나님을 중심으로 한 신본주의였다면 인간 개개인의 기본 정신과 자질, 인간 사이의 관계와 질서를 중시하는 정신교육에 치중한 편이었다. 정서적으로 부모와 자식, 남편과 아내, 스승과 제자, 어른과 아이 등 위와 아래에 대한 예의와 존중이 있었다는 것이다. 그러나 근·현대사를 거치면서 미국과 같이 물질이 풍성해짐으로 인해서 전통 질서가 깨져나가기 시작했다. 우리나라도 미국과 다를 바 없는 길을 가고 있는 것이다.

나는 하락의 가장 큰 이유를, 하늘의 것이 아닌 땅의 것을 목표와 목적으로 하는 잘못된 가짐 또는 교육에서 먼저 찾는다. 특히 하나님 말씀이 인간의 기본적인 인성교육의 최우선과 중심으로 다루어져야 함에도 불구하고 개인은 개인대로 국가는 국가대로 땅의 것을 더 갖기 위해 타인을 죽이고 타국을 망하게 하면서까지 살아남기 위해 무던히 노력했기 때문이다.

사실, 성적과 입시 위주의 우리나라의 교육 결과는 천재 지식인들만 양성했다. 그 결과로 사회 전 분야에서 예전에는 없었던 사건 사고가 빈번히 일어나고 있다. 참된 인성교육 없이 고등교육을 받은 자들의 행태나 경쟁에서 낙오된 자들의 세상을 향한 외침이나 별다를 게 없다는 것이다. 하나님 말씀이나 기본적인 인성교육이 안 된, 즉 땅의 것을 경계하자는 말이다.

우리나라의 건국이념인 홍익인간에 담긴 뜻이 다른 나라에 의해 그 뜻이 변질되어 그릇된 방향으로 흐르듯이 책임감 있는 자리에 있는 자들이 다음 세대에게 어떤 교육을 하는지에 따라 나라의 흥망성쇠뿐 아니라 개인에게도 삶의 길이 달라지는 것이다.

『하늘의 것 땅의 것』은 홍익인간이 각 형태소 하나에도 해석이 달라지듯 위 세대가 아래 세대에게 어떤 교육을 하느냐에 따라 사상이 달라진다는 교육의 중요성과 인간이 태어나서 죽는 그 순간까지 삶의 목적을 어디에 두어야 하는지, 특히 물질보다는 영성에 우선을 두는 게 얼마나 중요한 교육인지에 대한 화두를 던지는 책이다.

이 책은, 눈에 보이는 땅의 것보다는 눈에 보이지 않는 하늘의 것에 우선해야 한다는 내용이 주이다. 그리고 글을 읽는 자가 글을 읽고 스스로 연상해 볼 수 있는 기회를 부여하고 있다. 즉 현대 사회의 흐름에 편승해서 땅의 것만을 쫓던 자가 소유 또는 차지하지 못한 데서 오는 허무와 절망 등을 감당하지 못해 따라오는 후유증이나 경쟁에서 낙오된 자들이 열등감에 사로잡혀 부정적 감정 표출로 인하여 일어난 충격적인 사건·사고에서 땅의 것보다는 하늘의 것이 인간의 삶을 더 풍요롭게 한다는 것을 간접으로라도 경험하게 한다. 바로 직, 간접으로 경험했던 땅의 것들로 인간이면 예외 없이 보이지 않는 세계를 인정하고 이해하게 되는 것이다.

　『하늘의 것 땅의 것』이 세상에 나오기까지 처음부터 끝까지 함께하여 주신 주님께 감사드리고, 또 이 책을 우연이든 필연이든 손에 쥔 미지의 사람들에게 하나님의 사랑이 전해져서 티끌만큼이라도 영적인 변화가 일어날 것을 믿는다.

일터에서 백대현

차례

참을 궁리해 나가는
올바른 자세인 것

인간은 태어나서 죽을 때까지
문제를 만나고 그 문제를 해결하면서
살아야 하는 존재다.

인간은 해당 문제에 관한 해결 방법을 찾고자
궁리(窮理)한다.

궁리란, 사물의 이치를 깊이 연구하거나
마음속으로 이리저리 따져 가며
깊이 생각하는 자세를 말한다.
개인은 궁리를 반복하면서 습득하게 된
앎의 수준으로
또 다른 문제 앞에 서게 될 것이다.

이 말은,
당사자의 현재 지식수준에 따라
끊임 없이 이어지는 삶의 문제 앞에서

옳고 그름을 판단해 나가면서
행복하게 살거나
스스로 올무에 빠질 수도 있다는 것이다.

그렇다면 참과 거짓을 결정하는
당사자, 즉 인간의 판단은
삶의 문제를 어느 정도 선까지
해결할 수 있을까?

결론부터 말하면,
인간의 능력으로는 인간의 문제를
온전히 해결할 수 없다.
내 판단이 이 순간 옳은 것 같지만
내 생의 전체를 놓고 보면
정답에 가까운 오답에 불과할 뿐이다.

오랜 시간 공부를 통해 성찰한 사람들은
인간의 문제를 인간이 해결할 수 없다는 것을
이미 인식(認識)하고 있다.
다만, 선대의 가르침과 지속적인 학습을 통해
좀 더 나은 해결책을 찾아가면서
창조주의 가르침에 가까워지는 방법을
찾고 있는 것이다.

이것이

인간의 문제를 해결하고자 하는

참을 궁리해 나가는 올바른 자세인 것이다.

금방 알아차릴 수 있을 것

인간은, 성공하기 위해
미래에 대한 목적과 목표를 뚜렷하게 두고
오늘도 내 거처에서
최선을 다하는 삶을 산다 해도
자신의 성공 여부, 즉 자신의 인생을
원하는 대로 조종할 수 없다.

그 이유는, '내 의지와 상관없이 태어났고
살고 죽고도 내 맘대로 하지 못한다.'라는
근본적인 진리 속에 담겨 있기 때문이다.

태어나서 죽어가는 사이에서
우린 수많은 선택과 결정을 해야 한다.
그 최선을 다한 올바른 선택과 결정에 따라
나의 인생이 때로는
'타인의 눈에 보이는 바에 따라
성공했다 못 했다.'로 구분되기도 한다.

예를 들면,
육신의 질병으로 병원에서 꼼짝 못 하는 자는
건강한 사람을 부러워한다.
물질이 부족하여 힘들어하는 자는
물질이 넘치는 사람을 부러워한다.
이런저런 사정으로 공부를 하지 못한 자는
높은 학식으로 존경을 받는 사람을 부러워한다.

더 예를 들지 않더라도
서로 간 부러움의 대상과 수단은 돌고 돈다는 것을
예상할 수 있고
눈에 보이는 잠시 내가 가진 것으로
상대에게 잘난 척한다 하더라도
인간은 도토리 키 재기에 불과하다는 것을
알아차릴 수 있다.

인생은 '태어나서 죽어간다.'는 시간의 의미도 있지만
'그 길을 어떻게 보내야 하는가.'란
방법의 개념도 함께한다.

참으로 애석한 것은,
인간의 가르침과 가리킴에는 정답이 없고
힌트만 존재한다는 것이다.

인간은 다 거기서 거기이기 때문에
방법에 대한 정답과 진리는 없다는 말이다.
그렇다면, 인생의 정답과 참길은 어디에 있을까?
이렇게 비 내리는 날 커피 한 잔이면
성공의 진정한 의미는 무엇이고
내 인생을 어찌 살아야 하는지
금방 알아차릴 수 있을 것이다.

바로 그 시작점이
된다는 것

현대 사회는 글쓰기 시대다.
그래선지 학교를 비롯한 기업이나 지역 사회
심지어 작은 동네 사람들조차
자신들의 목적과 필요에 따라
쓰기에 능력 있는 분들을 초청하여
좋은 글을 쓰기 위한 강의를 듣는다.

이 글을 쓰고 있는 나도
시간이 날 때마다
이름이 널리 알려진 학자가 쓴
책이나 강의를 통해 배우는 중이다.

그럼에도 불구하고 누군가 내게,
글 잘 쓰는 방법을 물어 온다면
나는 다음과 같이 대답할 것이다.

쓰기라는 단어는
명사와 동사로 크게 구분할 수 있다.
명사로는,
글 쓰는 사람의 생각이나 느낌을
글로 정확하게 표현하는 일이고
동사로는,
명사적 정의를 직접 행동으로 옮기는 것을
말한다.

묶어서 간단히 다시 말해보면,
'글을 쓰고자 하는 사람이
자신의 생각이나 느낌을
글로 직접 표현한다.'다.

상식적인 단어를 구태여 풀어 기술한 이유는,
평범한 문장 속에 숨어 있는
-글을 쓰고자 하는 사람들에게
비싼(?) 강의를 듣는 데만 머무르지 말고
펜을 들고 망설임 없이-
써보라는 말을 하고 싶어서다.

글은 써보지 않으면 제대로 써지지 않는다.
많은 책을 읽었다거나

좋은 강의를 들었다 하더라도
글은 자동으로 써지지 않는다.
막상 쓰려고 하면 쉽게 써지지 않는 게
그 증거다.

읽고 들은 원리를 이론적으로 익힌 후
짧든 길든 자주 써보고
쓴 글을 몇 번이고 되풀이해서 읽고
수정해 나가면
좋은 글이 탄생한다.

이 글을 우연히 만난 사람 중에
좋은 글을 쓰고자 소원하는
사람이 혹여 있다면
그날의 화두를 잡아
바로 자신의 생각을 써 보길 원한다.
그것이 좋을 글을 쓰게 되는
바로 그 시작점이 된다는 것이다.

행위를 쉬지 않고 하는 사람들을
말하는 것

어떤 사람이 내게,
"글 잘 써서 좋겠습니다.
저는 아무리 쓰려고 해도
잘 써지지 않고 썼다 하더라도
내가 써놓고도 뭔 말인지 모르겠습니다."

나는, "미안합니다. 저는 글을
잘 쓰지 못합니다."라고 단호하게 대답했다.

"거의 매일 쓰다시피 하는 분이
그런 말하면 안 되지요.
쓸 수 있는 능력이 있으니 쓰는 거 아닙니까?"라고
내 말이 떨어지기 무섭게 목소리를 높였다.

"아닙니다. 전 잘 못씁니다.
못 쓰기 때문에 더 나은 글 더 좋은 글을 쓰기 위해
계속 연습하는 것뿐입니다.

책을 여러 권 출간한 사람들도

각종 신문사나 잡지에 기고하는 사람들도

여기저기서 글 잘 쓰는 방법을 강의하는 사람들도

스스로 글을 잘 쓴다고 말하는 사람은

단 한 명도 없다고 생각합니다.

혹여 그리 말하는 사람이 있다면

저는, 교만하고 어리석은 자라고

말하고 싶습니다."

"잘 이해가 안 됩니다. 그 정도면

잘 쓴다고 말할 수 있지 않을까요?"

"글을 잘 쓴다는 말은

상대적인 개념으로 봐야 합니다.

물론 일부 천재적인 재능을 가진 자도 있겠지만

그들 또한 일찍 자신의 재능을 알고

열심히 습작한 덕분이지

글은 재능이 있다 해서 저절로 써지지

않는 것입니다."

"그럼 당신이 생각하는 글 잘 쓰는 사람들은

어떤 사람들을 지칭하는 겁니까?"

행위를 쉬지 않고 하는 사람들을 말하는 것

"이렇게 말하면 좀 더 이해가 빠를 것 같네요.

보이든 보이지 않든

인간과 연관되어 일어나는 개연적, 필연적인

모든 문제를 앞에 두고

해당 문제가 크든 작든 관심을 가지고

관심을 글로 표현해서

자신보다 글을 덜 쓰는 사람들에게

보이는 것이에요.

그 글을 우연히 대한 각자의 사람이

한 번 생각하게 하고

그들 또한 각자 가진 모양으로

또 다른 인간에게

더 나은 것을 만들 수 있는 동기를 부여하고

서로 순환하거나 연결되게 하는 것이지요.

정리해 보면,

글을 잘 쓴다고 말하고 들을 수 있는 사람은,

자신의 글쓰기 재주를 땅에 묻지 않고

배우고 느낀 것에 대한 의문을 품고

글로 남겨서

인간의 삶이 더 나은 방향으로 가는 데

애쓰는 사람의 마음과 자세,

즉 그런 행위를 쉬지 않고 하는 사람들을

말하는 것이라고 생각해요."

내일이 달라질 수 있다는 것

아들이 오늘 받아 온 교과서에
자신의 이름을 검정 사인펜으로 적고 있다.
나도 이미, 이틀 전 택배를 통해 배달된
책에 사인을 남겼다.

나는 물질을 지불하고 받은 책은
이름만 남기는 것이 아니라
책을 들고 잠시나마 눈을 감고
사랑한다고 표현한다.

프랑스 철학자 데카르트는,
'좋은 책을 읽는 것은 과거 몇 세기의
가장 훌륭한 사람들과
이야기를 나누는 것과 같다.'라고 말했다.

그의 말대로라면,
나는 과거뿐 아니라 현존하는 훌륭한 사람들이

해당 분야에 관련된 내용을
말과 글로 남긴 것을 앞에 두고
교제하고 있다는 말이 된다.

그래선지 이 순간 내 손에 있는 책이
내 인생에, 얼마나 큰 영향을 미치고
또 옳은 방향을 가르쳐 줄 수 있을지
기대된다.

사실, 아들이 자기 이름을 남기고 있는 저 책은
아들 또래 모두가 받은 책이지만
해당 책을, 내가 어찌 대하는가에 따라
내일이 달라질 수 있다는 것을
예측할 수 있다.

반복해서 말하건대
책은 지은이와 시, 공간을 초월해서
대화를 나누는 것이다.
진솔한 대화를 나누게 되면
지은이가 책을 통하여
소통하고자 하는 목적과 주제를
알 게 될 것이고
그것을 제대로 익히게 되면

자신의 분야에서 '성공'이라는
결과를 얻을 수 있다.

공부하는 사람들은,
새 학기가 시작되는 이때에
내 앞에서 방긋 웃고 있는 책과
진정(眞正)을 담아
교제해야 하고 사랑해야 한다.
그런 마음 없이
나의 이득만을 위하여 책을 대하면
그 책이 내게 준 지식과 지혜는
지금 부는 바람과 함께 곧 사라질 것이다.

선택의 순서가
숨겨져 있다는 것

제대로 책을 읽는 방법과
진솔한 대화를 나누는 방법에는
중요한 내용이 하나 숨겨져 있다.
그것은 화자가 전달하고자 하는 내용을
'공감(共感)한다'이다.

위에서 말한 화자는 책 속의 해당 글의 주인공이나
그 글을 쓴 저자다.
대화에서의 화자는 이야기를 나누는 상대로
여기면 된다.

'책과 대화'는 나와 상대가
어떤 목적을 갖고
서로의 영(靈)과 육(肉)이 마주 보고 있는
장면인 것이다.

결론부터 말하면,

책과 대화를 이해하지 못하는 부류 중에는

그 중심을 내게 둔다.

즉 이 책을 내가 선택했고

이 책을 통해 내가 뭔가를 얻고자 한다는

목적을 내게 먼저 둔다는 것이다.

대화도 마찬가지다.

이 대화를 통해 나의 주장을 상대에게 전달하고

상대의 말에서는 내가 얻고자 하는 것만을 선택하여

듣고 수용하는 데 있다는 것이다.

논리적으론 맞는 말 같지만

결과는 안개와 바람에 불과하다.

그 이유를 보자,

눈과 귀는 두 개이고 입은 하나다.

보고 듣는 것이 두 개인 이유와 의미가 있고

말하는 입이 하나인 이유와 의미가 있다는 것이다.

인간을 흙으로 빚으시고 생기를 불어넣어

생물로 만든 창조주의 뜻이 여기에 있다.

인간은 오늘보다 더 나은 삶을 살고자 한다.

그런 생각과 마음을 갖고 들게 되면서

책을 펼치거나 새로운 사람을 만나게 된다.

조우한 순간, 내 중심을 일단 접어두고
책과 대화의 상대가 전하는 뜻을 끝까지
읽고 들어봐야 한다.
눈과 귀가 두 개고 입이 하나인 의미와 이유다.

책을 다 읽었거나 상대의 말을 끝까지 경청한 뒤
공감한 부분을 마음에 저장시키고 나서
다음 언행을 내 삶에 적용해 나가야 한다.
이것이 책과 대화를 통해 한 단계 발전한 모양새다.

거듭 말하지만,
선택의 순서가 숨겨져 있다는 것이다.
똑같은 선택이지만 내 기준으로 먼저 선택하는 것과
상대를 먼저 이해하고 선택하는 것은
그 결과가 엄연히 다르다는 말이다.

책과 대화를 통해 화자와 공감할 수 있도록 노력하자.
이것이 우리가 책을 읽고 대화를 나누는
옳은 방법의 하나다.

절대적으로 강조하는 것

나는 함께 공부하는 사람들에게
책(교과서) 중심으로 공부해야 한다고
수시로 강조한다.

물론 책(교과서)에 따라 학습하는 방향이나
사람마다 공부하는 방법이 다르니
약간의 융통성은 있다고 부연하기도 한다.

책을 절대적으로 강조하는 것은
평소 내 생각과 이미 습관화되어있는
자세에 있는 것 같다.

조금 과장해서 말하면,
나는 내 주위에 책이 없으면
불안증세가 있다.
잠을 잘 때도 일을 할 때도
제대로 읽지도 않으면서

내 옆에는 항상 책이 있다.
그래야 맘이 놓이고 편해지는
특이한 성격을 가졌고
그래선지 생활에서 책을 찾고 즐겨 읽는 이들과
함께 하는 것을 좋아한다.

중국 고전에, '개권유익(開卷有益)'이란 성어가 있다.
개권, 즉 책을 펴면
유익, 즉 이로움이 있다로
'책을 읽지 않고 펴기만 해도
유익함이 따른다'고
독서를 권장하는 간단한 말이다.

그러나 내가 원하는 학문을 하고
또 경지에 이르고 싶다면
내 옆에 있는 책이 낡아 찢어질 정도로
넘겨야 한다.

이 글을 읽는 자 중에
공부하는 사람들이 있다면
아무리 과학과 기술이 발달해서
여러 가지 쉽게 공부하기 위한 매체가
등장했다 하더라도

제대로 된 공부를 하기 위해선
책을 최우선 순위에 두었으면 좋겠다.

죽어가는 왕에게 답한 것

명절 연휴라는 핑계로
며칠 동안 TV 앞에
앉아 있었다.

출연자들이 작가가 써준 대본에 의해
각자 자신이 맡은 바를
충실히 해 나가는 것을 보면서
웃어 보기도 했지만
오히려 머리는 바보가 되는 것 같았다.

역시 TV는 내 스타일이 아니었다.
책장에서
읽다가 덮어 두었던 책을 집었다.

옛날, 어느 나라에 젊은 왕이 있었다.
그는 선왕의 갑작스러운 죽음으로
준비되지 못한 상태로

그 자리에 앉게 되었다.
그러나 그는 겸손했다.
공부를 많이 하지 못한 상태로
왕이 되었다는 것을 알고 있었기에
높은 학식을 갖춘 학자들과
경험이 많은 신하들에게
정치를 가장 잘하는 방법을 찾아
책으로 엮어 가져오라고 명령했다.

그들은 오랜 시간을 통해 그 방법을
오백여 권의 책으로 묶어 왕에게 바쳤다.
왕은, 평소 책을 읽는 습관이 되어 있지 않았다.
그래서 열 권으로 줄여서 가져오라 했고
그들은 또 긴 시간 동안 연구와 고민 끝에
열 권으로 줄여서 왕에게 올렸다.

왕은, 나이도 들고
몸도 좋지 않아 열 권을 읽을 수 없어서
한 권으로 정리해서 다시 가져오라 했고
학자와 신하들은 왕의 명령대로
한 권으로 가져왔지만
그때 왕은 책 한 권은커녕
문장 하나조차 읽지 못할 정도로

병세가 위중했다.

책을 읽을 수 없었던 왕은
그들에게,
"책을 통하여, 정치하는 데, 아니 사람이 사는 데 있어
가장 중요한 생의 지혜를 얻을 수 있는 방법을
한 문장 또는 한 마디로 해서
내게 준다면 그게 무엇인가?
그것을
내 다음 왕에게 유언으로 주고 싶다."라고
말했다.

그들이 죽어가는 왕에게 답한 것은,
'평소에 책을 읽어라'였다.

내 것이 아니라는 것

공부하겠다고 세상에 나왔다.
공부를 하겠다는 것은
현재 아는 것보다
더 많은 지식을 얻기 위해서다.

지식을 더 가지게 되면
무엇이 달라지는 걸까?

겉으로 나타나는 개인의 언행은
크게 두 가지로 나누어진다.
'세상에 힘이 되거나 병이 될 수 있다.'
아는 것이 힘 또는 병이라는 말이
여기서 나온다.

그렇다면 힘은 무엇이고
병은 또 무엇일까?

힘을 세속적 표현으로 해보면
하늘의 이치를 아는 것이고
영적인 의미로는 창조주의 섭리를
알아간다로 이해하면 된다.
병은 다른 말 필요 없이
'나 잘났다.'다.

힘을 가진 자들은,
지식이 지혜로 이어져서
하늘의 이치와 창조주의 섭리를
타인에게 전파하여
더 나은 인간과 세상을 만드는 데 일조한다.

병을 가진 자들은,
하늘의 이치와 창조주의 섭리를
자신의 기준 뒤로하거나
아는 것을 자신의 안위만을 위해
사용한다.

이 말은, 공부를 통해 힘을 받은 자들은
인간의 모든 지식과 지혜는
이미 창조주가 만들어 놓은 것을
찾거나 받은 것이기 때문에

배우면 배울수록 내 것이 아니라는 것을 알고
더 낮은 자세로 타인과 나누며 살려 하는 것이고
공부를 통해 병을 받게 된 자들은
오직 내 노력으로 내가 이룬 것이라는
아집과 독선 때문에
스스로 고립무원의 길에 들어선다.

지금 공부하는 모든 사람들은
내가 무엇을 선택해야 할지
진지하게 생각해 봐야 한다.

내 몸과 마음을 통해
표현되는 것

공부는 내가 하는 게 아니다.
공부는 내가 하는 게 아니라
우리가 태어나기 전부터 존재했던 공부에게
이제 때가 되어서
우리의 걸음이
공부에 다다른 거다.

공부는 준비되어 있지 않은 자에겐
절대 그대로 놔두지 않는 속성을
가지고 있다.
즉, 중간에 포기하게 만드는
보이지 않는 명분거리를 주어서
한숨과 함께 바람처럼 사라지게 한다.

그러니 공부를 내가 내 노력으로 한다고
말하면 안 된다.
내 능력으로 하는 공부는

단 하루만 지나면
한순간 머물다 사라지는
안개에 불과하기 때문이다.

제대로 하는 공부는,
내 생명이 다할 때까지
공부와 일체가 되어서
공부가 내 몸과 마음을 통해
표현되는 것이다.
그러니 공부와 진정한 친구가 되어야 한다.

나를 드러내기 위한
내가 잘되기 위한 공부를 하지 말고
공부를 드러내기 위한 그런 공부
그것이 진짜 공부하는
이유와 목적이 되어야 한다.

더 알고 싶어 하는 것

시험이 끝났다.
시험을 준비할 때마다 긴장하고
끝나고 나면 후련하고
후련함 뒤에 꼭 이어지는
좀 더 열심히 할걸 하는 아쉬움은
매번 반복된다.

그러나 나는, 아쉬움보다는
알게 된 것을 저축하고
저축한 것을 누군가와 나누고 싶은
열정(熱情)이 더 크다.

나는, '모르는 게 약'이라는 말을 부정한다.
왜냐면,
죄는 무지(無知)에서 오기 때문이다.
몰라서 행한 게 죄악으로 연결된다면
안다는 건 죄를 짓지 않게 하는 방법

또는 삶의 이정표다.

우리 각자에게 대입해 보면,
배우면 배울수록 더 배우고 싶고
더 알고 싶어 하는 것은
나 자신이 죄를 짓지 않고
더 나은 내일을 위한 몸부림이다.
또한 내가 아는 것을
타인에게 전하고 싶어 하는 마음은
이타적인 행동으로 연결된다.

단, 학습하는 과정에서
꼭 알고 주의할 게 있다.
소크라테스의 '너 자신을 알라'에서
겸손함을 배워야 하고
노자의 '지부지상(知不知上) 부지지병(不知知炳)'
즉 '알지 못하는 것이 있다는 것을
아는 것이 가장 좋고
알지 못하면서 안다고 여기는 것은 병이다.'에서
얕은 지식을 상대에게 전하려는
경솔함을 조심해야 한다.

나와 너, 우리 모두

동, 서양의 두 사상가의 가르침을 잘 수용해서

깊이 없는 어설픈 앎을

다음 세대에게 함부로 전하지 말고

참지식과 지혜를 전할 수 있도록

오늘 이 시간도 배움의 길에서

벗어나지 않았으면 좋겠다.

밀어내는 삶보다
더 값지고 중요하다는 것

북미의 어느 부족은
자녀들에게 성인 나이가 되면
전통적으로 꼭 치르는 성인식이 있다.

자녀들을 넓은 옥수수 밭으로 데리고 가서
고랑에 한 명씩 세운 뒤
고랑을 따라가면서 가장 좋은 옥수수를 따서
반대편으로 도착하게 하는 미션이다.

단, 세 가지 조건이 있다.
첫째, 수많은 옥수수 중에
단 한 개만을 딸 수 있다.
둘째, 한번 옥수수를 땄으면
아무리 더 좋은 옥수수가 나타났더라도
바꿀 수 없다.
셋째, 지나간 고랑은
한 발짝도 되돌아갈 수 없다.

자녀들은 지시에 따라
고랑을 걷거나 뛰면서
가장 좋은 옥수수를 찾아 따기 위해
두 눈을 부릅뜬다.
그러나 도착해서
각기 따 온 옥수수를 살펴보면
대부분 평범한 옥수수란다.
왜 그럴까?

가장 큰 이유는,
좋은 옥수수를 여러 번 발견했음에도
더 좋은 옥수수를 기대하면서
망설이다가
고랑 막바지에서야 땄기 때문이란다.

이 성인식은 자녀들에게
다음과 같은 교훈을 주기 위한 목적이 있다.
"미래의 좋은 것만 찾으려고
욕심을 부리지 말고
현재 좋은 것에
감사하는 삶을 살아라."

사람 중에는
지금 내가 가진 것에 감사하지 못하고
더 나은 것을 갖기 위해
욕심을 부린다.
욕심은 길흉화복을 부르기도 하고
미래의 더 행복한 삶을 위한 준비라고
명분을 갖다 대지만
욕심을 부린 결과와 내일은
창조주의 계획과 선택받은 자들에게만 있는
창조주의 결정권이다.

위의 미션은, 자녀들만이 아니라
너와 나 우리 모두에게
현재 내가 가진 것에 자족하며 감사함으로
오늘을 사는 게
현재 내가 가진 것을 불평불만으로
밀어내는 삶보다 더 값지고 중요하다는 것을
깨닫게 하는 귀한 교훈이다.

살피고 캐내게 해야 할 것

홍익인간(弘益人間)은
우리나라 건국이념이다.
용어는 삼국유사의 단군 신화에서 나왔고
정의는 '널리 인간을 이롭게 한다.'이다.

홍익인간의 이념은
우리나라의 정치, 경제, 사회, 문화, 교육 등
모든 분야의 바탕에 깔려 있다.

그러나 김영돈의 『살피자 홍익인간』을 읽어 보면,
홍익인간의 본래 뜻과 기본적 정의가
우리가 배워 알고 있는 지식과
약간 다른 점을 발견할 수 있다.

그는 '널리 인간을 이롭게 한다.'는
일본식 해석방법이고
'홍(弘)'의 '널리'나

'익(益)'의 '이롭게'라는 한자 뜻은
옥편에 없다고 예로 제시했다.

일부 오래된 옥편을 찾아보면,
동일한 뜻은 없고
'홍(弘)'의 '넓을', '넓힐'이나
'익(益)'의 '더할', '유익할'이란
비슷한 뜻이 있는데
그의 말대로라면
그 또한 홍익인간을 정확하게
표현한 뜻이 아니다.

그는 홍(弘)은 '클', '크게 할'로
익(益)은 '더할', '도울', '많을', '나갈' 등으로
해석하여
'크게 더하다 또는 돕다.'로 하는 게
우리나라 정서상 올바른 정의라고 했다.

나는 그의 풀이와 정의가 맞다고
머리를 끄덕이면서
교육을 책임진 담당자 중에
아직도 일제의 잔재 사상을
가진 자가 남아 있다면

그들의 가르침을
정확하게 분별할 수 있는 능력을
길러야겠다는 생각도 들었다

아무튼 그의 책을 보면서, 교육 분야만큼이라도
정확한 역사 인식과 참교육을
후대에게 전수하려는
올곧은 학자들로 채워졌으면 좋겠고
그들로 하여금
일제로 인해 왜곡된 사상과 이념을
그 잔뿌리까지 '살피고
캐내게 해야 할 것.'이라는 숙제를
던져주고 싶었다.

흐름이 바뀐다는 것

학교에서 인문학 특강이 열렸는데
의외로 많은 학우들이 참석했다고 들었다.

요즘 대세는 '인문적(人文的) 소양(素養)'
갖추기다.
내가 살고 있는 이 나라는
인문적 소양 전엔 '스펙 쌓기'가
주흐름이었던 것 같다.

짐작하건대, 흐름이 바뀐다는 것은
스펙 쌓기에 대한 불필요성과 한계가
사회 곳곳에서 나온다는 증거라고 보인다.

인문은 인간의 본질을 연구하는 학문
즉 문학, 철학, 역사 등을 말한다.
소양은 위 학문을 지식 및 교양 정도로
어느 정도 알고 있는가로 이해하면 될 것이다.

참으로 기이한 장면이다.
인간이 태어나서 죽어가는 과정 중에
가장 필요한 인문적 소양 갖추기가
뒤로 미루어지거나 무시당하다가
이제야 와서 눈에 보이는 스펙 다음으로
중요시되고 있다는 것은 삶의 모순이다.

물론, 이제라도 기업체를 비롯한
사회 여러 방면에서
개인의 스펙을 보기보단
인간으로서 갖추어야 할 기본자세를
더 중요시하면서
그런 소양을 가진 자들을 우선한다는 것을 보면서
늦게나마 제자리로 돌아가는 모습이
다행스럽다.

스펙은, 개인의 얼굴 내세움에 가깝다.
그 내세움으로 남보다 더 좋은 자리나
더 많은 것을 차지하기 위함이 크다.
그러나 인문적 소양은 내 개인의 성찰을 통해
더 많은 이들에게 선한 향기를 전하기 위한
나눔이 앞선다.

인간은 아무리 높고 많은 스펙을 가졌다 해도
인간의 삶을 다 이해할 수 없다.
그러므로 깊은 인문적 소양을 갖추어야만
인간에게 벌어지는 일을
어느 정도 이해할 수 있다는
결론이 나온다.

그래서 인간이 인문적 소양을 갖추어 간다는 것은
창조주의 섭리(攝理)를 알아가는
가장 올바른 자세와 길이 되는 것이다.

학교뿐 아니라, 국가 기관이나 사회 모든 단체에서
인문학 특강이 지금보다 더 활성화되기를
기대해 본다.

비판적 사고를 품어야 할 것

요즘 세상 돌아가는 것을 보면,
우리 각자의 현명한 선택이 요구되는
중요한 시기다.

정치 집단의 최종 목적은
비슷한 성향이나 이념을 가진 자들이
세력을 구성하고 정책을 만들어서
선거를 거쳐 정권을 잡는 데 있다.

그러나 그들의 속을 들여다보면,
국민의 삶을 이롭게 하기 위함보다는
자기 밥그릇 뺏길 게 두려워서
같은 편임에도 이러쿵저러쿵 시끄러운 자들이
의외로 많다는 것을 목격하게 된다.

그래서 그들의 행태를 보는 우리는
선거철이나 투표 직전만이라도

누구에게 한 표를 던져야 할지
생각해 볼 필요가 있다.

나는 '비판적 사고를 품어야 할 것과
그에 따른 명확한 언행이 따라야 한다.'고
생각한다.

정치 성향과 흐름을 크게 구분하여 보면
크게는 보수와 진보로
또 보수도 진보도 강성과 온건
중도로 나눌 수 있다.

비판적 사고의 첫 시작은
해당 세력의 역사를 먼저 살펴봐야 한다.
지난 행적을 공부해 보면,
그들의 내일을 볼 수 있기 때문이다.

하지만 아쉽게도, 보통 사람들은
역사를 제대로 볼 줄 모른다.
아니, 보통 사람들은 살기가 힘들다는 이유로
또 시간적인 여유가 없어서
공부할 시간이 없다는 게
더 정확한 표현이다.

하늘의 것 땅의 것

그러니 역사에 대한 무지함으로 인해
내일을 볼 수 있는 안목이
떨어질 수밖에 없다.

객관적으로 볼 때
위정자들은 많이 배우고
가진 재물도 많고 힘도 세다.
그런 이유로 그들은
자신들이 가진 것을 믿고
보통 사람들의 생각과 행동을 무시(?)하는 것이다.
선거 전엔, 보통 사람 앞에서 고개를 숙이지만
당선만 되면 어깨에 힘들어 가는 것이
그것을 말한다.

아무리 사는 게 힘들고 바쁘더라도
그들의 지난 행적을 살펴보자.
시시비비를 잘 공부해서
현명한 선택을 하도록 하자.
그것만이 보통 사람들의 내일이
달라질 수 있다.

다시 가다듬어야 할 것

벼슬아치들이 일하는 것을 보면
그 나라의 국력과 수준을 알 수 있다.

그들이 자신의 자리에서
어떤 가치를 지향(志向)하느냐에 따라
국가의 근간이 되는
국민의 삶의 질이 달라지기 때문이다.

벼슬자리에 올랐다는 것은
보통 사람보다 상대적으로 많이 배웠다고
할 수 있다.
많이 배운 것은, 분명히 자랑할 만하다.
그러나 많이 배웠다고
모든 이에게 존경받는 것은 아니다.

많이 배운 것을
이런저런 사정으로 덜 배운

다른 이를 위해 이롭게 써야지
자신의 영달(榮達)만을 위해 사용하는 것은
오히려 많이 배우지 못한 사람이
나보다 못한 사람과 나누며 사는 것보다
못하기 때문이다.

장자(莊子)는,
'출세할 목적으로만 공부한다면
공부에 해가 되고
그런 생각으로 계속 공부하면
오히려 아전인수(我田引水),
견강부회(牽强附會)하게 되어
여러 가지 문제를 일으킬 수 있다.'고 말했다.

요즘 뉴스 매체에 등장하는
나라를 이끌고 있는 위정자 중에는
장자가 우려했던 바를 실제 보이는 자들이 있다.

이 모든 사실은,
공부를 해야 하는 그 이유와 목적을
잘못 가르친 선생에게도 책임을 물어야 한다.

어제는 사라진 바람이다.

지금부터라도,

가르치는 위치에 있는 사람들은

나 자신을 돌아보고

교육에 대한 진정성을 다시 가다듬어야 할 것이다.

세 살배기 어린아이에게도

배울 것이 있다는 옛말이 있는데

너나 할 것 없이 더 배우겠다는 의지는

아무런 문제가 되지 않는다.

새로운 공부가 시작되는 삼월에는

가르치는 자도 배우는 자도

장자의 말을 다시 한 번 새겼으면 좋겠다.

책이 많이 팔리면
베스트셀러(Best seller)라고 부른다.
그렇다면, 베스트셀러 중에 베스트는
무슨 책일까?
모든 사람이 인정하고 있는 성경(Bible)이다.
궁금하다.
성경이 가장 많이 팔리는 이유가 뭔지?

'모든 성경은 하나님의 감동으로 된 것으로
교훈과 책망과 바르게 함과 의로 교육하기에 유익하니
이는 하나님의 사람으로 온전하게 하며 모든 선한 일을
행할 능력을 갖추게 하려 함이라'

— 디모데후서 3장 16, 17절

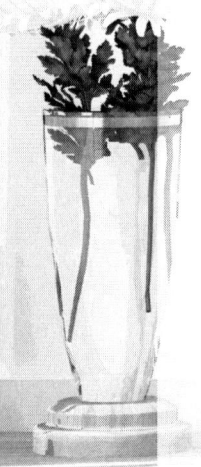

충분히 깨닫게 될 것

나는 정치에 대해
이 나라의 위정자들인 당신들보다 모른다.
그러나 정치에 관하여
당신들에게 하고픈 말은 얼마든지 있다.

선거가 끝났으니
당신들이 일을 시작하기 전에
한 가지 꼭 전하고 싶은 게 있다.

고서에,
국민을 대하는 위정자의 자세를
다음과 같이 크게 세 가지로 나눈다.
무위자연(無爲自然)으로 하는 자요
인(仁)과 덕(德)으로 하는 자요
법(法)과 형(形)으로 하는 자다.

무위자연이란,

억지로 하지 않고
순수하게 자연 순리대로 하는 것이고
인과 덕은,
먼저 사랑하고 이해하며
공정하게 받아들이고 행하겠다는
마음이나 행동을 일컫는 것이고
법과 형은,
정해진 규칙이나 방식을 통해
강제로 제재를 가한다는 뜻이다.
어떤 방식이 가장 옳고 훌륭한 것인가
그 순서를 말하고 있다.

나는 정치에 관해서는
위정자들보다 잘 아는 편은 아니지만
이 글을 위정자들이 본다면,
고서에 담긴 내용을 '충분히 깨닫게 될 것'이라고
믿는다.

조심할 필요가 있다는 것

눈이 있고 생각이 있는 사람들치고
세상 돌아가는 일에
관심 없는 사람이 어디 있을까 싶다.

많이 배웠든 사정상 배우지 못했든
세상에서 무엇을 하며 살든
누구나 자신의 위치에서
한마디씩 할 수 있는
자유는 있다.

그러나 아무리 말할 자유가 있더라도
말하기 전에 예의를 가져야 할 부류가 있다.

세상 돌아가는 대부분의 일은
생각과 사상과 이념이 비슷한 자들이
서로 모여 하나의 세력이 되어서
그들이 자기들의 이상을 정책으로 만들어

세상에 내놓은 것이다.

해당 세력의 인물 됨됨이나 내놓은 것을 보고
우린 각자의 자유의사대로 평가한다.
그것이 투표이다.
그래서 투표를 했냐 하지 않았냐는 중요하다.
그다음에 벌어지는 일과 결과에 대해
스스로 수긍하고 그들과 함께 책임질 줄
알아야 하기 때문이다.

사실 투표를 한다는 것은
내 판단에 책임질 나이가 되었고
세상을 어렴풋이나마 바라볼 줄 아는
자격을 얻었다고 볼 수 있다.

요즘 돌아가는 세상을 바라보면서
그 세력에게 내 한 표를 행사한 자들이나
먹고 살기 바쁘다는 핑계로
자신의 한 표를 바람에 날려서
스스로 세상 뒤에 앉아 있는 자들은
아무리 말할 자유가 있다 하더라도
입술을 여는 데 조심할 필요가 있다는 것이다.
그것이 그들이 가져야 할 예의이다.

각자의 지혜를 나누는 것

내가 사는 지역에서 장(長)으로 당선된 분이
"○○시의 주인은 ○○시민이다!"라고 말했다.
그는 시민에게,
주인의식을 심어주기 위해서
인수위원회와 원탁회의 등을 만들어
실천했다.

시민을 사랑하고
또 시민에게 주권을 찾게 해서
함께 미래를 동행코자 하는
그의 진정성이 담긴 마음을 보면서
기분이 좋았다.

좋았던 기분이
한 정치인이 세상을 버렸다는 소식에
새털구름으로 바뀌면서
엉뚱하게 고대 그리스의 직접 민주정이 떠올랐다.

직접 민주정이란,
그리스는 철학의 시발점인 나라로서
우주와 신 등 만물의 근원을
절대적인 화두로 삼다가
시민에게 참정권이 주어지면서
시민 각자의 목소리를 내게 하기 위한
방법 또는 정책을 말한다.

그러나 자신의 목소리를 내는
개인의 자유가 생기면서부터
문제가 생기기 시작했다.
자신이 '안다'고 생각한 사람들은
자신의 앎을 표출하기 위해
광장에 모여들기 시작했고
수많은 잘난 사람들 속에서
자신의 주장을 관철하기 위해
혀의 기술을 익히면서까지
진실을 거짓으로 둔갑시키거나
잘못된 것을 옳은 것으로 여기게 하는
궤변론자들이 생겼던 것이다.
그 연장선에서 그 유명한 철학자
소크라테스가 등장했고 죽었다.

내가 말하고 싶은 것은,
'고대나 현대 사회나
많은 사람들이 각자의 지혜를 나누는 것 같아도
일부 사람이나 어떤 세력은
질서와 규칙을 무너뜨리려는
극단의 개인 및 이기주의 가면을 쓰고 있다.'이다.

소크라테스가 생명을 던지면서까지
후세에게 남기고자 했던 메시지도
바로 여기에 있다.

왜 나는, 나를 기분 좋게 했던
내가 사는 지역의 장(長)을 보면서
정치인이 세상을 떠나는 장면을 TV로 보면서
소크라테스의 행적을 떠올리면서
뜬구름 같은 철학을 하는 것일까?

나 자신부터
시작해야 하는 것

비록 드라마지만
왕과 같은 혈통이라 하여
아래층의 삶과 생명을 좌지우지하는
장면을 보면
가슴 밑바닥에서 화가 치민다.
어찌 보면 현재 우리 사회의 현실을
그대로 보여주고 있는 것 같다.

물론, 그 모든 상황이
드라마의 극적인 연출을 위한
작가의 상상력이라 할 수 있고
나처럼 전후 사정도 제대로 모른 채
순간적으로 화를 내거나
오해하는 사람들도 있을 것이다.

당시 국가의 주권이 국민이 아닌
왕이 나라의 주인으로 일컬어지는 시대라 할지라도

왕은 자신이 가진 힘과 권력 등으로
사람을 죽이고 살리고는
마음대로 하지 못했을 것이라고 생각한다.

왕권 시대에도 현대 국가의 법에 해당하는 게
있었을 것이다.
그 율령(律令)을 공정하게 움직이는
사람과 시스템도 있었을 것이다.
또한 해당 건에 대한 상과 벌을
정확한 기록으로 남겨서
다음 세대에게 불만을 주지 않으려고
노력했을 것이다.

『중용』 제29장은,
'왕천하유삼중언(王天下有三重焉)
기과과의호(其寡過矣乎)'로 시작한다.
천하 즉, '세상을 다스리고자 하는 왕은
세 가지 중요하게 생각할 것이 있는데
그것만 신경 쓰면 실수가 적어진다.'란 말이다.
중요한 세 가지는
바로 위 단락과 직결된다.

요즘, 나라를 리드(Lead)하던 사람들이
각자의 움직임에 따라
우여곡절을 겪고 있고
또 다른 세상을 만들고자 하는 사람들은
그 자리에 앉기 위해
경쟁을 벌이고 있다.

모두가 보통 사람보다
많이 배우고 가진 자들임엔 틀림없다.

창조주가 그들에게 준 것을 두고
내가 왈가왈부할 수도 없다.
다만, 내가 남보다 더 가진 것을
내 안위가 아니라
세상 모든 이들을 위해 쓰고자 하는
그런 마음을 가졌으면 하는
바람만이 있을 뿐이다.

그리고 천하, 즉 세상을 다스리고자 하는 사람들은

그 시작과 기준을

『중용』 29장, '지금 나 자신부터 해야 한다.'에서

찾아야 한다.

그 바다보다 깊은 내용을 다시 한 번 되새기면서

그들 모두 보통 사람들 앞에

당당하게 섰으면 좋겠다.

스스로 묻고 답해봐야 할 것

철면피(鐵面皮)란,
'쇠처럼 두꺼운 낯가죽'이란 뜻으로
'부끄러운 줄을 모르는 뻔뻔스러운 사람'을
이르는 부정적 단어다.

이 단어는,
옛날 중국에, 출세욕이 대단했던 사람이
권력가와 교분을 맺기 위해
어떠한 문전박대에도 개의치 않는 모습을 보면서
당시 사람들이
'저 사람의 얼굴은 열 겹의 철갑처럼 두껍다.'에서
유래되었다고 한다.

그러나 '철면피'에서 '피'자를 빼면
그 해석이 달라진다.
즉 철면이란,
'쇠 빛깔과 비슷한 검붉은 얼굴.'로

강직함을 대변하는 단어이기도 하다.

드라마로 잘 알려진 《판관 포청천》에서
포증은, 성품이 강직하고 시시비비를
분명하게 가린,
철면을 가졌던 자에 해당된다.

그는,
'깨끗한 마음이야말로 다스림의 근본이요,
올바른 도리야말로 수신의 원칙이며
좋은 재목은 마침내 동량이 되고
굳센 강철은 구부러지지 않는 법이다.
곳집이 가득하면 쥐와 참새가 기뻐하고
풀이 없으면 토끼와 여우가 근심하니
선현께서 가르침을 남기셨으니,
후인에게 부끄러움을 남길 짓을 하지 말라.'
라고 말했다.

그는 실제로 자신의 후손들에게
'위의 가르침을 따르지 않는 자손은
내 자손이 아니다.'라고
엄중한 가훈으로 남겼다고 한다.

요즘, 권력의 주변에서 사리사욕을 채우다가
인기 연예인 못지않게 되어가는
그들의 얼굴을 보면서
우리 후손에게 내 얼굴을 어떻게 남길지
스스로 묻고 답해 봐야 할 것이다.

조종당하고 있는 것

수를 셀 수 없는 사람들이
각자 촛불과 태극기를 들고 대치하고 있다.
그 장면을 TV를 통해 보는 사람들도
서로 침을 튀겨 가며
옳고 그름을 따진다.

어느 쪽이 옳고 어느 쪽이 그른 것일까?
나는, 촛불이든 태극기든
자신이 어떤 목적으로 그 행위를 하는지
분명하게 설명할 수 있는 사람이
옳다고 생각한다.
반대로 설명을 제대로 할 수 없는 사람은
들고 있는 것을
내려놓아야 한다고 말하고 싶다.

나는 그들에게,
그 이유와 요즘 세상 돌아가는 것을

'중용(中庸)에서 답을 찾아라.'라고
전하고 싶다.

장자는, '중용이란, 치우치지 않음이 중이요,
변화지 않는 것이 용이다.
중은 세상의 바른 도이고
용은 세상이 정한 이치다.'라고 말했다.

이 말을 깊이 생각해 보면,
촛불이나 태극기를 들고 있는 사람 중에는
이미 중용을 벗어난 사람이 있다고
예상할 수 있다.

왜냐면, 중용이란 단어는
무조건적인 중간 또는 내 주장만을
의미하지 않고
나와 다른 반대편을
먼저 받아들이고 이해하려는 자세를
가져야 한다는 뜻을
내포하고 있기 때문이다.

촛불과 태극기 사이에서
상대의 입장을 먼저 이해하려는

기초적이고 근본적인 마음을 가지려 해야지
무조건 나와 다르다고
적으로 대하지 말라는 메시지인 것이다.

다만, 저들 중 일부가
촛불 또는 태극기를 들고 있는 것에 대해
자신의 균형 잡힌 생각도 없이
그저 맨 끝에서 강한 영향력을
행사하는 자들에게
조종당하고 있는 것 같아
안타까울 따름이다.

인간이 사는 여기의 모양인 것

리더가 조직 구성원을 움직이는 데
가장 중요하게 작용하는 것이 무엇일까?

대체로 공자의 말을 인용하여
용장(勇將), 지장(智將), 덕장(德將) 중의 하나이고
그 순서대로 좋다거나 중요하다고 여길 것이다.
그러나 나는 여기에
한비자의 가르침을 비유로 해서
재장(財將)을 추가하거나 덕장 위에 두고 싶은
심정이다.

한비자는 지도자의 중요한 가짐으로
3가지를 말했다.
법(法), 술(術), 세(勢)다.
법이란, '해당 조직의 법이나 규율'이다.
즉 잘하면 상을 주고 잘못하면 벌을 주기 위함이지만
오히려 논공행상이 더 중요하다는 뜻이

내포되어 있다.

술이란, 지도자가 법을 적절하게 운용해서 사람을
'골고루 잘 쓴다.'이고
세란, 가진 권세로 아랫사람의 생사를
좌지우지할 수 있는
'보이는 힘 또는 보이지 않는 힘'을 말한다.

요즘 나라 돌아가는 세태를 보면
평범한 사람들조차 혀를 굴린다.
보통 사람도 아니고
국가의 존망(存亡)을 책임진 지도자의 자세라고는
볼 수 없다는 말이다.

이 글에선 지도자의 역량이나 아랫사람들을
욕하고 싶진 않다.
다만 인간은 누구나 할 것 없이
'자신의 이익에 따라 움직일 수밖에 없는 존재'란 것을
말하고 싶다.

한비자는 군신 관계조차
군주에 대한 충성도 신하에 대한 믿음도
다 자신의 이해에 따라 그리 행하는 것이라고 말했다.
그 말이 맞는 것 같다.

한 나라의 지도자도 그를 보좌하는 사람들도
국가의 번영을 위해서, 국민의 삶을 위해서
과연 자신을 불태울 수 있는 이가
몇 명이나 있을까 궁금증이 생긴다.

곰곰이 생각해 보니
나라를 이끌어 가는 그들도 그럴진데
그 아래 조직원들이야
잘 먹고 잘 사는 자신의 문제나 안위보다
더 중요한 게 어디 있고 또 어떤 말이 필요할까 싶다.

위에서 말한 재장이란,
그런 것을 좌지우지할 수 힘을 가진 사람을 말하고
슬프게도 인간이 사는 여기의 모양인 것이다.

찾아보라는 뜻이 담겨 있는 것

가을은
전국 방방곡곡에서 축제가 열린다.
내가 사는 동네도 예외가 아니다.

후배가 어린이들에게
전통 과거시험을 시연하는 순서에
시제 출제와 진행을 요청했다.

보름 동안 고민 끝에
'왕따(집단 따돌림)'를 시제로 결정했다.

과거시험은 고려 시대부터 인재 등용을 위해
실시했던 제도다.
제도의 모태가 성리학이었다면
성리학의 출발은 유학(유교)이다.

당시 과거의 시제는
대체로 정치나 사회 분위기와 직결되는
문제가 많았을 것으로 생각한다.
당시 권력을 유지하기 위해
사상이나 이념이 비슷한 인재를
선호했기 때문이다.

이 말은, 시제로 선택한 왕따가
현 사회의 이슈인 것을
말하기 위함이다.

'학교나 학원에서 왕따를 없앨 수 있는
나만의 생각이나 방법을
3가지 이상 써보세요'를 제시하고
왕따를 직, 간접으로 경험하고 있는
어린이들의 생생한 생각과 방법이 담긴
답안지를 보았다.

왕따 문제는, 색깔만 다를 뿐
춘추전국시대 살았던 사람들에게
유학(유교)이 요구할 수밖에 없었던
인(仁)과 예(禮)와 의(義)가
합치되지 못한 데서 나온 결과물이다.

또한, 세상이 평화롭고
인간이 행복해야 함에도 불구하고
영혼을 죽이는 현실에 대한
안타까움의 표현이다.

왕따를 시제로 결정했던 이유가
바로 여기에 있다.
이 시대 주인공인 어린이들에게
왕따를 다시 한 번 생각하게 하고
유학(유교)의 핵심 사상인,
'인간을 행복하게 하는 삶에
내가 기여해야 할 것'을
찾아보라는 뜻이 담겨 있는 것이다.

그 점수를 부과하는 것

졸업을 앞둔 마지막 시험에서
모 교수는 몇 명 학생에게
낙제점을 주었다.

해당 학생들은 그로 인해
졸업을 하지 못하고
한 학기를 더 수강하거나
학교를 그만둘 수밖에 없었다.

한 학생이 교수에게 불만을 표시했다.
"예전엔 이 정도면 높은 점수를 주셨는데
하필 가장 중요한 시점에
이런 점수를 주셔서
졸업을 못 하게 하는 이유가 무엇입니까?"

교수는, "자네의 리포트는
그 점수밖에 줄 수 없었네.

그리고 그 점수를 부과하는 것은
내 고유 권한이네.
그러니 한 학기를 더 다니거나
여기서 학업을 포기하거나
그 선택은 자네의 몫이네."

교수의 단호한 말에 학생은 화가 났지만
자신이 세운 졸업 후 계획을
다음으로 미루고
그 과목을 재수강하여 졸업했다.

훗날,
"교수님, 당시 그 과목을 이수하지 않고
학교를 그만두었어도
세상을 사는 데 아무런 장애는 되지 않았습니다.
교수님도 한발만 양보해서 점수를 주셨어도
누가 이러쿵저러쿵 말할 명분이 없었습니다.
그럼에도 불구하고 저에게 다시 수강하게 한
그 이유가 무엇입니까?"

"그래, 자네 말이 다 옳네.
자네 인생을 놓고 볼 때
한 과목 정도 이수하지 않는다 해서 달라질 건 없네.

다만 자네의 그 마음자세는 큰 영향을 받는다네.
내가 자네의 성적을 평가하듯
사회에선 다른 사람들이 자네를 평가하게 되어 있네.
눈가림으로 졸업했다면 자네는 모든 일에서
그리 대했을 걸세.
한 번의 낙제를 이겨내지 못하면서
사회에서 성공한다는 것은 모순이라는 거지."

인간은 태어나서 죽을 때까지
교육(Education)을 받아야 한다.
지식인들은, 참 교육을 받아야만
이 땅에서 인간답게 살 수 있다고 누누이 말한다.
그렇다면,
그들이 지칭하는 올바른 교육과
인간답게 사는 모양새는 어떤 거지?

'내 아들아 또 이것들로부터 경계를 받으라
여러 책들을 짓는 것은 끝이 없고
많이 공부하는 것은 몸을 피곤하게 하느니라
일의 결국을 다 들었으니
하나님을 경외하고 그 명령을 지킬지어다
이것이 모든 사람의 본분이니라'

— 전도서 12장 12, 13절

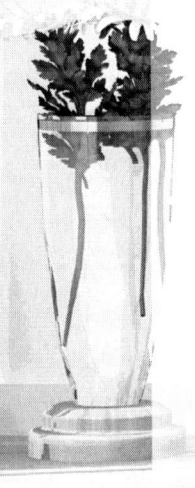

화를 불러온다는 것

아는 문제를 대여섯 개 틀렸다.
일부러 틀리려 해도 틀릴 수 없는 문제였다.

모르는 문제를 틀렸으면
당연히 그러느니 넘어갈 수 있었지만
신중하지 못했던 나 자신에게 어이가 없어선지
그날 났던 화가 아직도 가시지 않았다.

공자는, "다 배웠다고 교만을 부리는 자는
반드시 화를 당하게 되는 법이니라."라고 말했다.

물론 위에서 말한 화(火)와 공자가 말한 화(禍)는
그 의미가 다르다.
아니다. 위의 화는 내가 나 자신에게 난 화이고
공자가 말한 화는 교만으로 인해 그 화가
내게 미친다는 말이니
다 내게 해당하므로 별 차이가 없다고도

말할 수 있겠다.

공자는,
'조금 모자라는 것이 넘치는 것보다 낫다.'를
술병이 비어있을 때는
비스듬히 기울어져 있다가
술을 반쯤 적당히 담으면 바로 서고
또 술을 가득 부으면 엎어지는 장면에서
깨달음을 얻었다고 했다.
그는 자신도 술병을 만들어 옆에 두고
알면 알수록 겸손해야 한다는
공부하는 자들의 자세를
자신에게도 후세에게도 말하고 있는 것이다.
그것이 좌우명(座右銘)의 유래다.

아는 것도 신중하고 겸손하게 행하지 않으면
내게도 타인에게도 화를 불러온다는 것을 알고
'나는 항상 조금 모자란 사람이다.'라는
넘치려 하지 않는 자세
오늘 마시는 커피 한 잔에서
나는 그 자세가 얼마나 중요한지 깨달았다.

내가 만져 본 것

맹인모상(盲人摸像)을 그대로 해석하면,
'장님이 코끼리를 만진다.'이다.

어떤 왕이 신하들이 보는 앞에서
여러 명의 맹인에게
각기 코끼리의 다른 부위를 만지게 하고
각자가 만진 느낌을 말하게 하였다.

왕은, 맹인들의 각기 다른 말에서
전체를 보지 못하고 자기가 알고 있는 부분만 가지고
서로 고집하는 신하들을 깨닫게 하려는
목적을 염두에 두었던 것이다.

위 성어는,
진리를 알기 위해서는 똑바로 볼 수 있는 눈과
깊은 지혜가 필요하다고 말하면서
사람은 누구나 할 것 없이 전체를 알지 못하고

자기가 알고 있는 선에서
이해하려 하고 고집한다는 사실을 깨우쳐 준다.
공부하는 우리들도
위와 같은 자세가 필요하다.
넓고도 넓은 학문의 세계는 코끼리다.
코끼리의 코나 다리나 엉덩이를 만져 본 것을 두고
코끼리 전체를 다 보고 아는 것처럼
말할 필요가 없다는 것이다.

내가 저 사람보다 학벌이 좋다 해서
공부를 몇 년 더 했다 해서
성적이 상대적으로 높다 한들
우리는 다 거기서 거기라는 말이다.

왕은,
맹인들이 각기 다른 부위의 코끼리를 만져 본
모든 소감을 통해
코끼리의 전체를 알아가듯
신하들에게도 서로의 의견을 조율하여
더 많은 국민을 위한 제도를 만들게 했다.

우리도 내가 추구하는 배움을 통해서
세상과 인간에게
더 좋고 더 유익한 사람이 되어야 한다.
그것이 공부하는 사람의 자세다.

내 마음의 창고에 쌓인다는 것

포털 사이트(Portal site)는,
특정 분류에 따라 정리해 놓고
인터넷 사용자들에게
그들이 원하는 각종 정보를 제공해 주는
'입구'라는 뜻을 가지고 있다.

이 말은, 입구 앞에서 서성거리는 사람은
자신의 관심 분야를 공부하기 위함이거나
해당 분야의 전문가가 올린 자료나
이미 제공되어 있는 정보를
얻고자 하는 데 있다는 것이다.

다만, 해당 분야에 대한 내용이든
정치, 경제, 사회 등 현시대의 이슈에 대한
정확한 정보라면 그 목적을 옳게 채울 수 있지만
오류가 담긴 정보라면 이야기가 달라진다.
수용(受容)하기 전에

충분한 검증이 필요하다는 것이다.

사마천은
'호학심사(好學深思) 심지기의(心知其意)'
즉 '배우기를 좋아하고 깊이 있게 생각하면
마음으로 그 뜻을 알게 된다.'라고 말했다.

사마천은 배운 것을 깊이 생각해야만
그 뜻을 정확히 알 수 있고
내 것으로 소화되어
내 마음의 창고에 쌓인다는 것을
말하고 있다.

아무리 배우기를 좋아한다 하더라도
입구를 통해
쉽게 배우고 또 정보를 얻을 수 있어도
사실과 거짓을
제대로 구분할 줄 알아야 한다.

요즘 세상 사람들 중에는
입구라는 이름을 가진 그 공간에 가득 채워진
잘못된 정보와 쓰레기 같은 자료를 가지고
그것이 참인 것처럼

그대로 전달하는 자들이 의외로 많다.
자신이 참과 거짓을 구분하지 못한다면
함부로 전달하지 않는 게 좋다.

왜냐면, 그로 인해
어린 영혼들이 병들 수 있기 때문이다.

여태 살면서 지향하고 있는 것

내막(內幕)은 전혀 긴급하지 않았지만
긴급이란 단어를 쓰면서까지
사람들을 모이게 했다.

그래선지 아직도 미안함이 남아 있다.
혹여 이 글을 그들이 본다면
사과하고 싶은 마음이다.

당시 나는, 그들에게
모이게 한 이유를 제대로 설명하지 않으면서
조직을 관리해 나가는 나만의 방법
즉 '자율과 방임'을 말했다.

짧은 시간이라는 핑계로
서, 본론 없이 내가 전하고픈 결론만을
급하게 내뱉었지만
정말 하고 싶었던

다음의 말은 하지 않았다.

'상천지재(上天之載) 무성무취(無聲無臭) 지의(至矣)'
'높은 하늘의 일은 소리도 냄새도 없이 지극하기만 하다'

중용에 나오는 말로
'이치가 통하고 올바른 길을 걸어가는
바른 지도자라면 존재하지 않는 듯하면서도
그가 있으므로 해서 조직이 저절로 잘 움직인다.
또는 움직이게 하는 지도자.'란 뜻을
내포하고 있다.

물론 나는, 중국 고전에 나오는
그런 군자 또는 훌륭한 리더는 아니다.
다만 나름대로 그런 리더십을
여태 살면서 지향하고 있는 것은 사실이다.

그들이, 일방적으로 모이게 하고
나 혼자만 하고픈 말을 폭포수처럼
뱉어 버리고 문을 열고 나간 내 등 뒤에서
어떤 말 또는 평가를 했는지는 모르겠지만
언젠간 그 뜻을 알아주리라 믿는다.

나는, 이립(而立)을 지나
불혹(不惑)과 지천명(知天命)의 나이를 가진 그들에게
아무것도 가리키고 가르칠 수 없다.

나는, 내 존재 정도만 알려져 있고
모든 일은 그들 스스로 하게 하는
그런 꿈과 이상을 가진
어쩌면 비현실적이고 소극적으로 비칠 수 있는
그런 리더를 꿈꾸는 평범한 사람일 뿐이다.

목표와 목적을 역행(逆行)하게 했던 것

지인과 나눈 일부 대화다.

"그 자리에서 왜 내려왔습니까?"

"그 자리가 날 여러 가지로 곤란하게 했어요."

"보통 사람들은 높은 자리에 올라가기 위해
나름대로 노력하는데 의외네요?"

"아닙니다. 저는 처음부터
내 자신의 성찰(省察)을 위해 갔기 때문에
그래서 결정했던 겁니다.
자리가 다른 방향으로 흘러가게 하더라고요."

"다른 방향으로 흘러가게 한다는 말이
무슨 뜻인가요?"

"별거 없습니다. 내가 가고자 하는 방향과
내가 맡은 자리가 서로 맞지 않았다는 것이지요."

"알기 쉽게 얘기해 주시지요?"

"어떤 사람이 마당에서 무언가를 찾고 있었어요.
지나가던 사람들이 그 사람의 모습을 보고
도와주기 위해 물었죠.
무엇을 찾고 있냐고.
그는 반지를 잃어버렸다고 답했고
그중 스스로 지혜롭다고 생각하는 사람이
마당에서 잃어버린 게 확실하냐고 묻자
방 안에서 잃어버렸다고 답했어요.
그 사람은 그럼 방에서 찾아야지
왜 마당에서 쓸데없는 짓을 하냐고
어이가 없어 웃었지요.
그가 웃는 사람에게 뭐라고 말했을까요?"

"?"

"우리 인간은 다 똑같아요.
진리는 방 안, 즉 내 안에 있는 건데
모든 진리를 바깥에서 찾으려 하지요.

제가 맡았던 자리는

제가 찾으려 했던 그 답을

오히려 더 멀게 하고

제 목표와 목적을 역행(逆行)하게 했던

것이지요."

퀀텀 점프가 없다는 것

커피를 사려고 편의점에 들렀는데
60대 남성이 로또를 하고 있었다.
그 장면을 보면서
퀀텀 점프(Quantum Jump)란 단어가 생각났다.

퀀텀 점프란,
물리학과 경제학에서 주로 쓰는 용어로
'일어나는 어떤 일이 차츰 또는 조금씩
일어나지 않고 단번에 크게 약진하는 현상'을 말한다.

이 용어를 인간의 삶에 대입해 보면,
하루하루 열심히 노력해서 성공을 이루기보다는
단번에 어떤 기회를 통해 삶이 바뀌는
모양이라고 할 수 있겠다.

퀀텀 점프를 좀 더 쉽게 말하기 위해
두 가지 예를 들어 보면,

보통 사람들이 위 사람처럼 로또나 도박 등을 통해
인생역전을 꿈꾸는 것과
고시에 합격하거나 자격증을 취득해서
신분이 바뀌거나 삶의 질이 변화되는 것을
생각하면 된다.

사실, 위 두 가지는
보통 사람들의 꿈이자 소망일 것이다.
다만, 공부하는 사람들은
퀀텀 점프를 꿈꾸면 안 된다.

똑같은 공부지만,
공부를 통해 인생역전을 꿈꾸는 사람들은
준비되지 못한 결과로
많은 사람을 아프게 할 수 있다.

공부는 그 본질이 중요하다.
그래서 공부는 단기간 내에 드러나지 않는다.
그 말은 어설프게 공부하는 사람들이
학벌과 지식을 내세우다가
주위 인연과 함께 호흡하지 못하면서
소란과 분란을 일으키기 때문이다.

중국 고전에,

'내부족자(內不足者) 급어인지(急於人知)

패연유여(沛然有餘) 궐문사치(厥聞四馳)'란 말이 있다.

'내면이 부족한 사람은 남이 알아주는 것에

조급해한다. 넉넉하게 남음이 있으면

그 소문이 사방으로 퍼져 나간다.'란

문장이 그것을 경계하고 있다.

퀀텀 점프를 위해 사는 사람들이

지금 어떠한 행동을 할지라도

공부하는 사람들은

공부에는 퀀텀 점프가 없다는 것을 새기고

오늘 내가 무엇을 어찌해야 할지

커피 한 잔을 마시며 그 답을 찾아보자.

하늘의 것 땅의 것

다시 한 번 생각해 봐야 할 것

옆자리 이삼십 대 청년들이
주위 사람들의 불편은 아랑곳하지 않고
큰 소리로 이야기를 나누고 있다.
주제는 요즘 사회적 이슈인
가상화폐였다.

"그때 사뒀으면 지금 대박인데
에휴, 아쉬워라!"

"그러게, 아는 친구는 일이 년 전에
이백만 원 투자했는데
현재는 몇십 배 올랐대!"

"그거 사행성으로 본대!
그래서 정부가 직접 나서서 규제한다고 하잖아?"

"그게 규제한다고 막아질까?
4차 산업혁명의 연결선상이라고 할 수 있고
보이지 않는 자본의 흐름을
인위적으로 바꿀 수 있겠냐고?"

끊어지지 않는 그들의 대화에
내가 낀다면
나는 과연 어떤 말로
그 줄기를 이어갈 수 있을까 궁금했다.

개인의 자유와 인권을
최우선으로 지향하고
사회적으로
민주주의와 자본주의를 앞세우는
현 세상의 흐름에서 나온
또 다른 결과물인가?
아니면,
물질만능주의에 의한
급조된 욕구에서 나온 걸까?

아무리 생각해 봐도 가상화폐는,
사회 구조상,
물질을 숭배할 수밖에 없는 인간에게
인간 스스로 영혼을 무너트리게 하려는
그들의 교묘한 계략(計略)이다.

그러잖아도 삼포니 사포니 하면서
세상의 그늘 속으로
빠지는 수가 늘어나고 있는
미래의 세대에게
이젠 다음 세상을 이끌고 싶다는
희망의 불씨조차 꺼지게 하려는
그들의 고단수 술수(術數)다.

인간을 창조하신 하나님께서는
'물질을 겸하는 자는
당신을 함께 섬기지 못한다.'고
말씀하셨다.

그 말씀의 뜻을 알고 있는 우리라도,
그들의 계략과 술수를 이겨내지 못해서
영적으로 힘들어하는
다음 세대에게

현 세상을 승리해 나가는 방법
즉 하나님 말씀을 어떻게 가르쳐야 할지
다시 한 번 생각해 봐야 할 것 같다.

제대로 철학을 하는 것

아리스토텔레스는,
'사람은 마땅히 철학을 해야 한다.'고 말했다.
이 말은 우리 각자에게 필연적으로 등장하는
크고 작은 인생 문제는
철학을 하면서 해결해 나가야 한다는
메시지를 담고 있다.

그렇다면 사람이 어떤 자세로 철학을 해야
인생의 모든 문제가 해결되는 것일까?

세상 만물 하나하나는
지어진 이유와 목적이 있고 맡은 역할이 있다.
사람도 예외가 아니다.

진화론을 옹호하는 자들이야
불편하다고 할 수 있지만
사람은, 창조주께서 흙을 통해

형상을 만드시고 생기를 불어넣어
생물체가 된 피조물이다.
피조물은 조물주의 뜻에 따라
사는 동안 각자 맡은 바를 행해야 한다.
이것이 사람이 사람답게 사는
가장 이상적인 모양새다.

육신(흙)은 땅에서 나는
곡식을 통해 성장하다가 다시 흙으로 돌아가고
영혼(생기)은 창조주의 말씀과
선대들이 완성 또는 중단한 지식을
같은 방식으로 반복만 하다가
그들의 길을 따라간다.

사람이 철학을 한다는 것은,
창조주의 계획과 섭리에 의지하기보다는
인생의 문제를 자신이 해결해 보겠다는
즉 육신과 영혼의 중간에서 갈피를 못 잡는
어정쩡한 동작(動作)이다.

내게 닥친 오늘의 문제도 해결하지 못하면서
인간에게 일어나는 모든 문제를
해결해 보겠다고

고뇌와 번민하는 게 철학이 아니라
창조주 앞에 먼저 나가서 머리 숙여 묻고
답을 받아서 해결하려는 자세가
제대로 철학을 하는 것이다.

진정한 성공을 이룬 것

아리스토텔레스는,
'인생을 실패하는 길은 여러 갈래지만
인생의 성공하는 길은 한곳에 있다.'라고 말했다.
성공을 꿈꾸고 있는 자에게 주는 삶의 방향과
참된 성공의 의미가 무엇인지 알아야 한다는
인간이 왜 철학을 해야 하는지
필연성을 담고 있는 말이다.

철학을 한다는 것은,
인간의 본질, 삶, 문제 등을 두고
고뇌하는 모양새를 의미한다.

의미를 좁혀서 나를 대입해 보면,
'나는 누구이고
나는 무엇을 위해 살아야 하며
살면서 일어나는 크고 작은 문제에 대해
질문하고 답을 찾아서 해결해 나가야 한다.'다.

철학이라는 길에 서면,

나와 나 자신의 문제에 먼저 접근해야 하고

답을 알기 위해 몸부림치다 보면

자연스럽게 타인을 이해하고 배려하게 된다.

이것이 사랑이다.

사랑을 실천하다 보면,

나와 너의 마음이 기쁨과 즐거움이 충만하여

또 다른 인간과 세상과 평화를 이룬다.

평화는 철학의 최종점에

거의 도달했다고 봐도 무방하다.

그러나 평화를 이룬 인간은

오히려 인간의 한계를 직감한다.

이것을 깨달음이라고 하는데

깨달은 순간, 신의 존재를 인정하게 된다.

즉, 인간은 태어나서 죽을 때까지

배우고 익힌 모든 학문과

삶에서 직, 간접으로 경험한 것으로

인간의 위대함이 아닌

인간의 나약함을 알게 된 것이다.

이 말은, 인간에게 일어나는 모든 일은

창조주를 알고 믿게 하는데
그 목적이 있다는 것과 직결된다.

아리스토텔레스는,
인간의 지혜나 능력을 의지하기보다
세상과 인간을 창조하신 하나님을 믿고 나서
이룬 성공만이
'진정한 성공을 이룬 것'임을
위 말을 통해
후대에게 전하고 싶었던 것 같다.

인간이 태어나서 죽어가는 것을
인생이라고 하고
인생은,
크고 작은 선택(Choice)을 하면서 살게 되어 있다.
어제의 선택으로 오늘을
오늘의 선택으로 내일을
그렇다면, 어느 누구도 장담할 수 없는
내일을 위해 지금
가장 중요한 선택은 무엇이 되어야 할까?

'예수께서 이르시되 내가 곧 길이요 진리요 생명이니
나로 말미암지 않고는 아버지께로 올 자가 없느니라'

— 요한복음 14장 6절

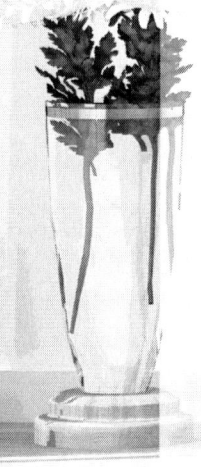

반면교사의 기회로 삼아야 할 것

겨우 여덟 살 된 어린 생명이
생면부지(生面不知)의 사람에게
죽임을 당했다.

죽인 사람도
아직 인생의 꽃도 제대로 펴보지 못한
이팔청춘이 갓 지난 나이란다.

이런저런 매체를 통해
타인에 의해 자신의 목숨을 잃는 자나
자기 스스로 목숨을 버리는 자는
오늘도 어김없이 들려온다.

현시대의 사건 사고는
영혼의 황폐화로 인한 후유증과
물질 만능주의로 인해 뒤처진 자들의
열등감 표출이 대부분이다.

이 모든 원인은
그들의 부모를 비롯한
모든 어른에게서 찾아야 한다.

바쁘다는 핑계로
남들보다 더 잘 먹고 더 잘 살기 위함으로
자식에게 인간의 근본적인 교육을 하지 못했고
자식과 함께 하기는커녕
어린아이를 방치하거나
혼자 컴퓨터나 스마트폰만을 하게 했으니
어떤 것을 보고 자랐을까
쉽게 예상할 수 있을 것이다.

오늘 나의 선택과 결정은
과거에 내가 듣고 배운 생각과 행동이
표출된 것뿐이다.

이 말은, 오늘 내가 듣고 배운 것은
내일 나에게 일어날 일을
예상할 수 있다는 말이다.

지금이라도 늦지 않았다.
최근 일어나는 사건 사고에서

책임 있는 자리에 있는 사람들은
반면교사(反面教師)의 기회로 삼아야 할 것이다.
왜냐하면, 그들은 우리의 미래이기에
그 어떤 것보다 우선해야 한다.

눈에 보이지 않는 세계가 있다는 것

초등학교 어린이 몇 명이
동급생 한 명에게 담요를 뒤집어씌우고
발과 야구방망이로 때렸단다.

중학교 교실에서 여선생님을 앞에 두고
남학생 여러 명이 노골적으로
음란행위 하는 장면을 보였단다.

스물도 채 안 된 여학생들이
어린아이를 잔인하게 죽이고도 메신저를 통해
장난기 섞인 이야기를 나누는 장면이나
그것을 역할극이었다고
담담하게 인터뷰를 했단다.

위 세 가지는,
어린아이부터 청소년 사이에서 벌어진
놀라운 일이다.

요즘 벌어지는 그런 놀라운 일들을
성인까지 연장해서 이야기한다면
끝이 없을 것 같다.

이 모든 일들은
나와 너의 사랑스러운 지인들도
언제, 어디서나 겪을 수 있다.
어느 누구도 자유롭다고
말할 수 없다는 것이다.

누구의 문제일까?
어떤 혹은 무엇이 문제일까?
나와 너 우리의 문제는
인간의 근본적인 문제다.
그러나 답을 알면 문제가 풀릴 수 있다.
답을 모르면 문제는
어렵고 해결할 수도 없을 것이다.

인간의 근본적인 문제는
인간과 인간관계에서는 정답을 찾을 수 없다.
선대 각자의 모든 가르침은 정답이 아니고
정답에 가까운 참고할 내용에 불과하다.
그렇다면 진정한 정답은

어디서 또는 누구에게서 나오는 것일까?

'인간의 모든 문제는 위인들의 가르침이나
내 지식과 경험으로도 도무지 알 수 없고
또 삶 또한 내 마음대로 되는 게 거의 없고
나이가 늘어 가면서
뭔가 알 수 없는 힘과 흐름이 있다는 것.'을
받아들이고 인정하면
서서히 실타래가 풀리듯
답이 보이기 시작한다.

즉 나 자신의 삶의 고난과 역경, 환란 등을 겪거나
이런저런 사회 현상이나 자연 앞에서
나 자신의 무력함을 느끼면서
가슴 밑바닥에서부터
인간은 피조물이라는 것을 점점 확신하게 되면서
꿈틀거리는 영혼으로 인해
눈에 보이지 않는 세계가 있다는 것을
믿게 되는 것이다.
믿는 순간, 뿌옇던 안개가 걷히듯
문제의 답이 보인다.

실천하며 사는 게 행복인 것

'가슴 통증 때문에 쓰러졌다가
큰 수술을 통해 일어나서
두 번째 삶을 살고 있다.
지금은 회복 중에 있지만
당시 죽음의 공포에서
지난날 통장의 총액을 늘리기 위해
주위 인연을 뒤로한 것이
얼마나 어리석었는지 깨달았다.
그래선지 인연을 귀하게 여김과
또 진솔한 만남을 실천하기 위해
이 자리에 있는 내가 행복하다.'

지인의 말을 생각하다가
많은 철학자들이 말했던
'인간이 가장 행복한 순간은,
나답게 살 때와 더불어 살 때가
조화를 이룰 때다.'가 문득 떠올랐다.

나도 자칭 철학자로서
위 내용을 나만의 방식으로 부연 설명을 해보면
다음과 같다.

나답게 살 때란,
이 세상에서 단 하나뿐인 나 자신이
누구인지를 알기 위해
하나님의 나에 대한 계획을
최우선으로 찾아야 하고
그 계획 속에 담긴 내가 실천할 바를
실현해 나가는 과정이다.

더불어 살 때란,
각자 나가는 과정 즉 현재의 삶 중에
내가 좋아서 잘해서 이룬 것과
타인도 타인이 좋아서 잘해서 이룬 것을
서로 나누는 관계 또는 진행 장면이다.

하나님은 우리 각자에게
생명이 다하는 그 순간까지
절대의 성공과 실패를 주지 않으시면서
서로 나누는 관계 속에서
내가 이룬 것은 네가 있어야

빛이 나고 의미가 있으며
나에게 부족한 것은
상대가 가진 것에서 채울 수 있으므로
우리 각자는 많이 가졌다 하여 교만하지 말아야 하고
부족하더라도 실망하거나 절망하지 말아야 한다는
사랑하는 방법을 가르쳐 주고 계신다.

하나님은 지인과 내게
그리고 이 글을 읽는 미지의 사람들에게
그 사랑을 '실천하며 사는 게 행복인 것'을
말씀하고 계신다.

다음을 생각하는 것

공원 아스팔트길은
어제와 다를 게 없는데
가로수 이파리와 낙엽 색깔은
달라졌다.

작년 이맘때 이 길을 걸었던 내 이름은 그대로인데
커진 까만 검버섯은
거울이 없어도 보인다.

눈에 보인 건,
계절변화로 인해
색이 변한 나뭇잎뿐인데
'낙엽은 무엇이고 나는 무엇인가?'를
문득 떠올린다.

인간의 본질보단 존재를 중시했던
프랑스의 실존주의 철학자 사르트르는,

'내가 누구인지 알려면 나 자신 스스로
내가 누구인지 알아야 한다.'고 했다.
그는 내 삶의 주인은 나이므로
사는 동안 모든 선택과 결정은 내게 있고
현재 내가 존재하는 이유라고
말한 것이다.

그러나 아무리 생각해도
그의 말은 틀린 것 같다.
어제만 해도 푸른색이던 나뭇잎이
오늘 갈색이 되어 떨어진 것은
그 잎의 선택이었을까?
내 얼굴에서 점점 커지고 있는 검버섯을
의사 힘을 빌려 도려낸다 한들
피부색과 탄력은 언제까지 유지될까?

아니다!
내가 살면서 선택하고 결정하는
크고 작은 모든 일은
비록 내게 자유의지가 있어
내가 하는 것 같지만
그것은 나의 착각이고 교만이다.
그 모든 계획과 역사는

나를 포함한 세상 만물을 창조하신
오직 창조주 하나님만이 할 수 있다.
자연과 세상이 변화되는 것이나
인간의 생로병사는
피조물이 할 수 없는
창조주의 절대 주권이기 때문이다.

지금 내가 내 손으로
공원길에 떨어진 수많은 낙엽 중 하나를 들고
다음을 생각하는 것도
같은 원리다.

가르침과 가리킴이 그 바탕에 있는 것

"당신은 기독교인인데 의외로
중국 고전을 좋아하시나 봐요?"

"맞습니다. 저는 기독교적 신앙과
유교적 중용의 콜라보(collabo)를 통해
어제보다 나은 오늘과 내일을 위해
평안한 삶을 꿈꾸는 사람입니다."

"서양 사람들 사고에 큰 영향을 미친
기독교 정신과
중국을 중심으로 하는 동양적 사상은
어쩌면 첨예하게 대립하는 부분이
있다고도 볼 수 있는데
그렇다면 아직도 당신의 사상(思想)은
정리되지 않았다는 말인가요?"

"네 그것도 맞습니다.
저는 아직도 저만의 사상을
제대로 정립하지 못한 게 사실입니다."

"아, 그래서 꿈꾼다는 표현을 하신 거군요.
그렇다면, 양편에서 찾고 싶어 하는
중요한 내용은 무엇입니까?"

"양쪽 모두 사랑이고
사랑을 실천하는 방법은
겸손, 이해(배려), 인내라고 생각합니다.
동서양 모두 역사에 긍정적으로 남겨진 사람들의 공통점은
창조주가 내게 준 사명을
나 자신의 겸손함과 남을 배려하는 이해심으로
오랜 시간 인내하며
전했다는 것이지요. 그게 사랑입니다."

"당신은, 예수가 하나님의 아들이라는
높은 신분을 가진 자로서 당시 행적과
노자, 공자 등이 도가니 유가니 하며 주장했던
모든 이론들을 말하는 거군요?"

"그래요. 그들의 중심은 나보다 다른 이를
생각하며 살았다는 공통점이 있지요.
그들이 후대에게 전하고 싶은 것은
인간의 한계와 인간을 창조하신 분이
분명히 존재한다는
가르침과 가리킴이 그 바탕에 있는 것이지요."

초등학교 어린아이도
눈에 보이는 것과 눈에 보이지 않는 것이
분명히 존재한다는 것도 알고 구별할 줄도 안다.
그런데 낼모레면 불혹의 나이인데도
눈에 보이는 것은 목숨을 걸면서까지
호주머니가 터질 정도로 채우면서도
더 중요한 눈에 보이지 않는 것은
타인에게 스스럼없이 양보한다.
왜, 호주머니가 터져서 다 사라져야
중요한 우선순위가 무엇인지를
깨닫게 되는 걸까?

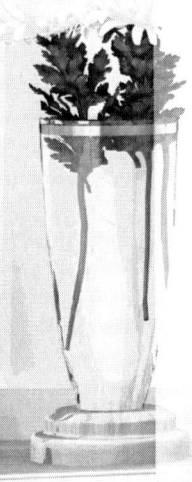

'만물이 그에게서 창조되되 하늘과 땅에서 보이는 것들과
보이지 않는 것들과 혹은 왕권들이나 주권들이나 통치자들이나
권세들이나 만물이 다 그로 말미암고 그를 위하여 창조되었고'
— 골로새서 1장 16절

과대도 과소도 하지 않는 것

인간은 누구나 긍정적 삶을 원한다.
그런 삶을 살기 위해선 타인과의
의사소통이 매우 중요하다.

현대사회에서 SNS를 통해 소통하는 것은
하나의 트렌드(trend)다.
내가 만든 글, 그림, 동영상 등을
자신의 SNS에 올리고 나르는 것이나
타인이 올린 글에
관심을 보이거나 표현하는 것은
예의이자 하나의 일상이다.

물론 아무리 대세라 하더라도
표현을 하고 안 하고는
그 사람의 자유이고 선택이다.

사람마다 표현을 하지 않는 이유는 다양하다.
그 이유 중, 자존감(自尊感)이나
겸손(謙遜)이란 단어를 잘못 이해하는 데서
답을 하지 않는 경우가
의외로 많다는 것을 알게 되었다.

자존감을 사전적 정의로 보면,
'자기의 품위를 스스로 지키려는 과정
또는 자기를 높여 잘난 체하는 과정.'이라고
쓰여 있다.
겸손은, '남을 존중하고 자기를 내세우지 않는
태도가 있음.'이다.

가만히 정의를 들여다보면,
두 단어는 해당 그 사람의 행위가 숨겨져 있다.

표현하지 않는 자를 잘못 해석하면,
'자존감과 겸손을 온전히 실천하기 위해
그들은 침묵하고 있다.'란 말이 된다.

나는 진정한 자존감과 겸손은,
'객관적인 시각으로 나를 어떻게 보느냐와
자신을 지나치게 과대도 과소도

하지 않는 것.'이라고 생각한다.

아무리 가까운 사이라도 표현이 없으면
서로를 알 수 없다.
그러나 여러 모양의 표현을 하게 되면
그것이 씨가 되어 차츰 줄기가 생기고
잎과 열매로 이어지는 관계가 된다.

특히 상대가 올린 것에 댓글을 다는 것은
소통뿐 아니라 서로 간 지식 공유라는
새로운 문화로 이미 자리매김했다.
어쩌면 그리스 사회가 토론 문화로
인간의 사유(思惟)가 발달한 것과
같은 이치라고 본다.

아리스토텔레스는
'인간은 사회적 동물이다.'라고 말했다.
악성 댓글로 서로 간 상처를 받는 경우나
서로 간 글을 잘못 해석하는 데서 오는
일시적인 오해도 있을 수 있다.
그러나 시대의 흐름을 무시하고
홀로 자적(自適)하며 사는 삶보다는
지금부터라도 서로가 공생(共生)할 수 있는
방법으로 기꺼이 받아들였으면 좋겠다.

교제를 통하여 나누어야 하는 것

미국의 수필가이자 사상가인 에머슨은,
'내가 만나는 모든 사람들은 반드시 어떤 점에서
나보다 나은 데가 있다.
그 점에서 나는 그 사람한테서
배울 것이 있다.'라고 말했다.

나는 에머슨의 말에 전적으로 동감한다.
나는 직업상 하루 숫자는
매일 달라지지만 새로운 사람을 만난다.
에머슨의 말대로 나는 그들에게서
뭔가를 배울 수 있다는 기회가 있어선지
참으로 즐겁고 행복하다.

인간은 죽을 때까지 배워야 하는 존재이다.
세상을 창조하신 하나님의 말씀을 최우선으로 해서
하나님의 형상을 가진 인간 각각의 모습에서
우린 배워야 한다는 말이다.

겸손한 사람에게는 겸손의 자세를
교만한 사람에게는 교만하면 안 된다는 것을
잘난 사람에게는 잘나게 된 과정을
못난 사람에게는 못난 이유를
우린 서로 '교제를 통하여 나누어야 하는 것'이다.

세상을 창조하신 하나님이 인간 각자에게
각각 다른 은사와 달란트를 주시어서
서로 교제하게 한 것은
좋은 것은 배우고 나쁜 것은 바꾸어서
당신의 모습과 가까워지기를 바라는
그 마음인 것이다.

그 자리에 그대로 있을 것

아이가 엄마의 마음을 몰라주고
무작정 어기대서
아이와의 관계가 좋지 않다고 했다.

남편이 말끝마다 집안일만 하는 사람이
세상 돌아가는 일을 어찌 알겠냐고 무시해서
부부 관계가 냉랭하다고 했다.

시어머니가 자신의 가정사를
사사건건 참견해서
시어머니와의 관계가 껄끄럽다고 했다.

모임 구성원 간에
시기와 다툼으로 분위기가 엉클어져서
책임자 자리를 두고 고민하고 있다고 했다.

이 자리에서,
각기 가진 갈등과 문제를 놓고
저명한 학자들이 내놓은 이론에 의지해서
실연(實演)해 본들
과연 엉킨 실타래를 얼마만큼이나
풀 수 있을까?

장담하건대,
완전히 풀거나 바꿀 수 없고
해결할 수 없을 것이다.
지금 저들이 말한 내용들은
해결할 사항도 아니고
아무리 발버둥 쳐도
정답을 찾을 수도 없기 때문이다.

인간에게 일어나는 갈등과 문제는
내 의지와 상관없이
어제도 있었고 오늘도 있으며 그리고 내일도
모양만 살짝 바뀔 뿐
그 자리에 그대로 있을 것이다.

갈등과 문제는 상대가 바뀌길 기대하지 말고
내가 먼저 변화해야 하는데

아쉽게도 그 변화하려는 마음도
내가 스스로 가질 수 없고
설령 가졌다 해도 끝까지 유지할 수 없다.

인간에게 일어나는 크고 작은 모든 문제는
나의 내, 외적 이유나 원인도
상대의 내, 외적 이유나 원인도
나와 너의 주위에서 빙빙 돌고 있는 이 상황을 만드신
창조주의 주권이고
창조주의 계획과 섭리인 것이다.

인간의 모든 문제는,
나보다 상대적으로 높은 의식을 가졌던 자들이 만들어 놓은
지식과 지혜를 참고해서
그 공부한 내용을 발판 삼아 한 계단 더 올라가
창조주의 가르침과 뜻을 알아야만
해결의 빛을 볼 수 있다.

각자의 인생을 달라지게 할 것

세상에서 일어나는 모든 일은
우연히 일어나는 게 아니다.
세상을 창조하신 분의 계획과 섭리하에
일어난다.

믿지 않은 자들은
우연 혹은 팔자, 운명 등으로
일어난 일에 대해
나름대로 수긍하고 평가하며
결론짓기도 한다.

그렇다.
창조주는, 믿는 자든 믿지 않는 자든
인간 각자에게 일어나는
희로애락(喜怒哀樂), 즉 벌어지는
모든 일을 동일하게 행하신다.

그러나 인간에게 일어나는 일 속에는
해당 사람의 의식(意識) 수준이 숨겨져 있고
그 수준에 따라 결과가 달라진다.
물론 여기서 해당 사람도
믿는 자와 믿지 않는 자 모두를
포함한다.

포함하는 이유는,
창조주는 인간의 각자 다른 모양과 크기를 통해
계획과 역사를 행하듯
모든 인간을 사랑하기 때문이다.

이 글을 읽는 여러분은
오늘 여러분에게 펼쳐진 크고 작은 모든 일은
창조주가 우리 각자를 통해
역사하는 것이라고 믿어야 한다.

오늘이라는 시간 속에
기쁨이나 즐거운 일도
슬픔이나 노여운 일도
그런 일들의 연속과 반복 속에서
지금 내가 여기 있다는 것을 알아야 한다.

믿는 자는 일어난 모든 일을
창조주가 하셨다는 것을 믿고 감사하는 자이고
믿지 않은 자들은 위에서 말했다시피
운명이고 팔자라고 말할 것이다.

그 작은 의식의 차이가
남은 우리 각자의 인생을
달라지게 할 것이다.

자신의 크기와 성분을 인정할 것

철학자 장 자크 루소(1712~1778)는,
'누구든 자신이 원하는 일을
하는 사람은 행복하다.'라고 말했다.
그는, '자신이 원하는 일을 자신의 능력으로
할 수 있을 때 행복하고
자신의 능력을 넘어서 무언가를 원할 때
행복은 사라진다.'라고
이어서 말했다.
즉 우리 각자가 가진 자신의 능력과
원하는 욕망이 일치 또는 평형을 이룰 때
행복하다는 결론을 내린다.

나는 그의 주장이 옳다고 생각한다.
창조주가 인간을 창조하실 때는
인간에게 행복만을 누릴 수 있게 하셨다.
피조물인 우리는,
창조주의 명령을 어기고

더 나은, 더 좋은 것을 갖기 위해
욕심을 부리다가
행복과 멀어지는 길로
들어서게 된 것이다.

그럼에도 불구하고 창조주는,
다시 한 번 기회를 주시어서
행복을 되찾을 수 있는 시간과 공간으로
우리를 불러주신다.
그렇지만 인간 각자는 때와 의식의 수준에 따라
다른 행보(行步)를 보인다.

인간의 한계를 깨달은 자들은
창조주의 가르침을 받아들이고 믿겠다는
결단과 용기를 가짐으로
스스로 중용하고 사랑하고 평화의 길로
들어서지만
아직도 세상일을 자신이 할 수 있고
이룰 수 있다는 교만한 자들은
거푸 무너지는 자존심으로
분노하거나 슬퍼지게 되고 두려움과 수치심으로
나락의 길로 떨어진다.

루소의 말은 창조주의 섭리에서 시작한다.

창조주는 흙과 생기로 우리 각자를 만드실 때

분량이나 색깔 등으로

그 어떤 것으로 똑같이 만들지 않으시고

각기 다르게 만드셨다.

수많은 인간 중에 같은 사람이

단 한 명도 없다는 것이 그 증거이다.

바로 내 자신의 크기와 성분(性分)을 인정할 것과

그런 나를 만들어 주신 분을 위해 살고자 할 때

행복해질 것이다.

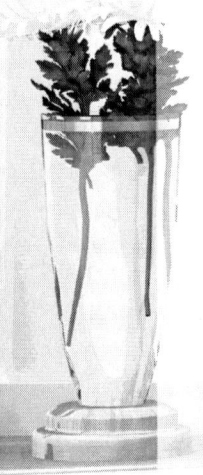

인간은,
창조주께서 흙과 생기로 만들었다.
창조주께서는 태초부터 가르침을 주셨건만
피조물 중에는 아직도
갸우뚱거리며 믿지 않는 자들이 의외로 많다.
그러나 정작 가장 위급할 때는 그들도
창조주를 찾는다.
내 삶이 곤고할 때나 깨달게 되고
또 창조주를 찾는 건 어떤 뜻일까?

'하나님이 땅의 흙으로 사람을 지으시고
생기를 그 코에 불어넣으시니
사람이 생령이 되니라'
— 창세기 2장 7절

가져야 할 우리의 숙제일 것

시민이 함께하는 축제가 열렸다.
시민이 주인이라고 해서
나같이 먹고 마시면서 즐기는 사람이
대부분이었지만
내 눈은, 통일된 색의 옷을 입고
각자 맡은 바를 분주하지만, 성실히 수행하는 사람들이
더 띄었다.

나는, 축제를 위해 준비하고 진행하고 있는 그들에게
먼저 마음으로 감사를 표한 뒤
뒷짐을 지고 행사장 곳곳을 구경삼아
살피기 시작했다.

천막마다 먹을거리가 푸짐하고
사람들의 웃음꽃이 만발했다.
각각의 꽃을 보면서 미소를 만끽하기도 했다.
두어 바퀴 돌다 보니

다리에 힘이 빠져서 쉬려고 그늘을 찾았다.

후줄근한 차림의 노인이
벤치에 쭈그리고 앉아 있다가 나를 보더니
담배 한 개비를 손가락 사이에 끼고
먼 곳을 응시했다.
그가 바라보는 눈동자의 방향은
파란색 하늘과 푸른색 산이 만나는
지점인 것 같았다.

왜 나는, 시끌벅적한 축제의 장에서
수많은 저들과 함께 웃음을 나누지 않고
홀로 연기를 만들고 있는 저 노인이
눈에 보이고 마음에 들어오는 것일까?

세상에는 저 노인처럼,
기쁨과 즐거움의 반대편에서
고독이나 외로움을 달래는 자들은 또 있을 것이다.
소외된 그들에게
지금 거금(?)을 들여 진행하고 있는
축제의 목적과 목표와 함께
또 다른 목적과 목표를
가져야 할 우리의 숙제일 것이다.

나는 돌아오는 길에,
'고독과 외로움에 빠진 자들에게
희망의 불씨를 찾게 하는 데
티끌만큼이나마 일조할 것'을 다짐했다.

물론, 다짐은 나 자신을 위한 것이기도 하다.
인간 각자는 각기 살기 위해 또 다른 사람과
만나야 생존할 수 있고
각자 가진 자신의 재능을 다른 사람과 상호작용하여야
그에 따르는 행복을 찾을 수 있다.
그것이,
더 나은 나와 너를 만들어 가면서
서로 사랑하며 행복하게 살라는
창조주의 가르침을 실천하는 것이다.

서로 간 사랑을 배워 나가는 것

수업시간에,
교수가 내게 물었다.
"교육이 무엇이라고 생각하십니까?"

나는, 순간적인 질문에
약간 당황했다.
왜냐면, 교육(敎育)을 '가르치고 배운다.'라는
초등생 수준의 답변을 요하지 않는다는 것을
직감했기 때문이다.

나는, "교육은, 하나님을 알기 위해
또는 제대로 알아가기 위해 하는 것입니다."라고
정의보단 목표와 목적을
부각해서 답했다.

새 학기가 시작되었다.
어린이나 학생들 따로 공부하는 성인들도

새로운 공부를 시작하기에
아니면 이미 세워둔 미래의 어떤 계획을 이루기 위해
아지랑이가 춤을 추듯
들뜬 마음으로 오늘을 시작할 것이다.

혹여 이 글을 미지의 사람들이 본다면
남녀노소 상관없이
교육이라는 외연적 정의보단
공부하는 구체적인 이유를 묻고 싶다.

물론 그 답은 각기 다를 것이다.
그러나 고린도전서 13장 2절의
'내가 예언하는 능력이 있어
모든 비밀과 모든 지식을 알고(중략)
사랑이 없으면 내가 아무것도 아니요'를
읽고 묵상해 보면
과연 그 답이 다르게 나올 수 있을까 궁금하다.

성경은, 사랑하기 위해 쌓는 지식이 아니라면
아무것도 아니라고 했다.
사랑 없이 지식만 있으면
헛똑똑이에 불과하다는 말이다.

교육은 배우고 가르치는 관계 속에
서로 간 사랑을 배워 나가는 것이다.
가르치는 자는 받은 사랑을 전수하는 것이고
배우는 자는 그 사랑을 잘 배워서
또 다음 세대에게 더 나은
사랑의 방법을 가르쳐야 한다는 것이다.

사랑은 인간 삶의 최고의 목적이자
가치인 것이다.
그 사랑의 의미를 깨닫게 되면
자연스럽게 하나님의 존재를 알게 된다.

내가 예언하는 능력이 있다 해도
세상의 모든 지식을 안다 해도
사랑이 없으면 아무것도 아니라는 것은
바꾸어 말하면, 하나님을 믿어야 하고
하나님의 사랑을 배워 하나님을 사랑하고
나 자신과 주위 모든 사람을
사랑해야 한다는 말을 하기 위함이다.

내 인생에 가장 높게 부여하고 싶은 것

지금 읽고 있는 책에서 지은이가
"당신의 인생 최고 목표는 무엇인가?"라는
질문을 던졌다.

질문에 답을 못하고
다음 장을 읽었다.

"이 질문에 대한 당신의 대답을 보면
당신이 삶에서 가장 높은 곳에 두는 가치가
무엇인지 알 수 있고
각자의 사람은 그것을 인식하든 못하든 간에
가장 높은 가치를 부여하는
무언가를 가지고 있다."라고 말했다.

지은이의 질문과 이어진 글을 보면서,
'항상 이맘때면,
국가를 위해 일을 해보겠다고

국민을 위해 살겠다고 말하는 사람들은
높은 자리에 올라가려는 것과
자신들이 국민 앞에서 약속한 것 중에
어느 쪽에 더 큰 목표를 두고 있을까?
또,
사업이나 장사를 해서
많은 물질을 축적한 사람들은
나와 내 가족을 위해 사용하는 것과
세상을 이롭게 하기 위해 사용하는 것과
어느 쪽에 더 큰 무게를 두고 있을까?'
문득 궁금했다.

지은이는 위와 같은 결정은
나의 무의식중에,
즉 질문을 받은 나 자신이
어떤 가치와 목표 또는 목적을 위해 사는지에 따라
나타난다고 했다.

나는 눈을 감고,
이 글 초두에서 답하지 못했던 질문과
내 인생에 가장 높게 부여하고 싶은 것이 무엇인지
나 자신에게 묻고 생각해 봤다.

나는 권력, 명예, 물질 등
남보다 더 갖고 차지하기 위한
눈으로 보이는 결과보다는
'사랑하면서…'라는
행위나 과정으로 결정했다.

내가 말하는 사랑하면서는
거창한 구호가 아니고
'내가 믿는 하나님을 사랑하고
동시대 함께하는 사람들과
서로의 모양이나 방법으로 사랑하고
나 자신을 사랑하는 것.'에 대한
실천코자 하는 마음가짐이다.

배운 것을 행하지 않았다는 것

섬기는 교회에서
칠월 초부터 팔월 초까지
'사랑'을 주제로 숨가쁘게 달려왔다.

여러 미션을 통해 '하나님과 나, 나 자신,
나와 다른 성도 간의 사랑을 배우고
배운 사랑을 어떻게 실천해야 하는가?'란
방법을 배웠다.

생각해 보니,
사랑을 주제로 했던 순서와 기회는
이번을 포함하여
정확한 횟수는 기억하지 못하지만
여러 모양으로 자주 있었던 것 같다.

왜, 인간은 배워도 또 배워도
배운 것을 잊는 것일까?

독일의 심리학자 헤르만 에빙하우스는,
망각곡선을 설명하면서
반복의 중요성을 강조했다.
그는 공부한 것을 즉시 복습하거나
또 반복하지 않으면
학습한 내용이 내 기억에서
거의 사라진다고 했다.

그의 말대로라면,
우리가 배운 것을 잊었다는 것은
복습과 반복을 하지 않은 것도 있지만
몸과 마음으로 온전히 받아들이지 않고
형식적인 자세로 임했기 때문이다.

특히, 하나님을 믿고
예수님을 닮아가는 삶을 사는 우리도
교회 안에서 예배, 기도, 찬양, 봉사 등으로
열심히 사랑을 익히지만
정작 세상에 나오면 열심히 배운 것을
행하지 않았다는 것이다.

배운 것을 교회 안에서나 세상에서나
똑같이 당장 실천해야 하는 것은

하늘의 것 땅의 것

우리가 믿는 분이
우리에게 내리신 사명이다.
이제부터라도 믿는 우리는
우리가 배운 사랑을
세상에 나가 직접 실천해야 한다.

공부를 통해 이루고자 하는 것

사랑 없이 하는 말은 울리는 꽹과리에 불과하고
사랑 없이 배우는 지식은 먼지와 같고
사랑 없이 행하는 믿음은 바람이고
사랑 없이 이룬 성취는 안개다.

사랑 없이 무엇을 말하고 믿고 이룬 것은
'파산한 자와 같다.'는 말씀처럼
인간에게 사랑은 선택의 몫이 아니라
의무에 해당된다.

오랜만에 나선 산행 도중에
넓적한 바위에 앉아
각색의 옷을 입고
올라오고 내려가는 사람들을 바라본다.

어쩌면 나 사는 동안
이 시간이 지나면

저들은 다시 볼 수 없을 것이다.
그러나 목에 동일한 머플러와
가방에 띠를 걸고 있는 저 사람들은
몇 년이 될지 알 수 없지만, 함께할 사람들이다.

여태 살아온 인생이 다르고
서로 아는 것과 추구하는 것도 다른 이들이
똑같은 코스를 따라 걷는다.

체력이 상대적으로 좋은 이는 앞장을 서고
몸이 안 좋은 이들은 가다 쉬다를 반복하지만
가는 순서는 중요하지 않다.
다만, 힘들고 어렵게 이 좁은 길을 걷듯
현재의 배움도 똑같은 이치다.
그러니 나와 다르다고
상대를 질시하지 않았으면 좋겠고
나보다 늦게 시작했다고 나이가 들었다고
무시하지 않았으면 좋겠다.

인간을 창조하신 하나님은
우리에게 서로 사랑하며 살라는
가르침을 주셨다.
우리 각자는 어렵게 시작한 공부를 통해

서로 사랑하는 방법을 먼저 배워야 한다.
그것만이 내가 공부를 통해 이루고자 하는 것을
이룰 수 있고
배운 것을 선한 곳에 쓸 수 있다.

부채질하고 있다는 것

창조주를 찬양하던 천사가
그 자리가 탐이 났다.
졸개를 거느리고 모반(謀反)을 꾀하다가
창조주의 명을 받은
또 다른 천사 군대에게 패해서
땅으로 떨어졌다.

그로 인해,
창조주만을 위해 만들어졌고 불린 노래가
세상에 떨어진 천사에 의해 갈라진다.
그래서 세상엔
창조주를 경배하는 노래와
떨어진 천사의 조종에 의해 불리게 된 노래로
크게 두 가지로 나누어진 것이다.

여기서 떨어진 천사를
사단이라고 한다.

사단은 믿지 않는 인간의 마음속에
이미 자리하고 있어서
기쁘고 즐겁거나, 노하거나 슬플 때
인간에게 자신의 처지를 기준으로
노래하게 한다.

부모, 형제, 친구와 어긋남으로 인해 힘들거나
죽도록 사랑했던 연인과 이별을 하거나
세상 살기가 힘들어 번민하거나
때마침 들리는 노래를 들으면서
눈물 흘리는 것이 하나의 예다.

사단은,
낙담해 처한 인간의 마음을 움직여서
세상과 창조주를 원망하고 불평하게 하고
창조주를 멀리하게 한다.

이 글을 읽는 여러분은 꼭 알아야 한다.
세상을 흔드는 노래 속에는
인간의 끝없고 부질없는 욕망만을 일으키게 해서
사단과 그의 세력이 커가게 하는 데
부채질하고 있다는 것을…:

그럼에도 불구하고 창조주는,
당신보다 먼저 창조주의 섭리를 깨달은
사람들에게 그 진리를
이런저런 경로를 통해 오늘도 전하고 계신다.

빛과 소금이 되라고 말씀하시는 것

창조주는, '인간을 창조하신 뒤
보시기에 좋았다.'고 말씀하셨다.

인간은 창조주의 형상대로 만들어진 만큼
전혀 부족함이 없다로 연결된다.

그럼에도 불구하고
인간은 각자 개수와 모양만 다를 뿐
부족함이나 그로 인한 불평불만이 있다.
자기 비하나 열등감이라고 말해도 될 것이다.

오늘 나는, 내가 가지고 있는
나만의 열등이 무엇인가 생각해 봤다.

유명 모델처럼 훤칠한 키
씨름선수 같은 우람한 몸집
능력 있는 부모를 만나

자기의 노력도 없이 억대 스포츠카를 소유한 것
명품 옷과 구두에 두툼한 지갑 등….
그런 것들은 내겐 부러움의 대상이
아닌 게 확실하다.
그렇다면 무엇이 나를
열등감에 사로잡히게 하는 것일까….

여러 번 생각해 보니
더 배우지 못한 데서 오는 배움에 대한 갈급함과
그 결과인 학식(學識)의 떨어짐인 것 같다.

창조주는, 인간 각자에게
특별한 계획 아래 지어진 존재임을 알게 하셨다.
그리고 내가 가진 것을 통해
세상을 다스리고
자신의 영광을 위해 살라고 하셨다.
그렇다면 내가 부여받은 것이 배움이라면
배움을 통해 세상을 다스려야 한다는 결론이다.

창조주는, 이런 내게
열등의식이나 다른 이유로 포기하지 말고
지금보다 더 믿고 더 의지하여
내게 주신 바를 통해, 더 높은 배움을 통해
세상에 빛과 소금이 되라고 말씀하시는 것 같다.

이유와 목적이 되어야 하는 것

사람마다 각자 공부하는 이유와 목적은
색깔만큼 다양하다.

같은 학문을 통해 얻고자 하는 것도
겉으로는 비슷해 보이지만
그 속은 엄연히 다르다.

그러나 공부를 하겠다고 나섰다면
나 자신부터 알고 시작해야 한다.

공부하는 이유와 목적을 제대로 모르면서
무작정 나만의 더 나은 삶을 위해 하다 보면
진행은 물론 결과도 좋지 않다.

남들이 갖지 못한 스펙을 갖고도
일류 대학에서 많이 배웠다 하더라도
그들이 모두 타인에게 존경받지 못하는 것이

하나의 예라고 보면 된다.

공자의 문답식 교육방법에서 유래된
계발(啓發)이란 단어는
'슬기나 재능, 사상 따위를 일깨워 준다.'는
사전적 정의를 가지고 있다.

일방적 지식 습득을 뒤로하고
자신의 현재 수준을 고려하여
먼저 확실한 해답을 얻고서야
다음 단계로 나가야 한다는 교육방법이다.

계발을 좀 더 풀어 보면,
공자의 말을 더 정확하게 이해할 수 있다.
슬기는, 사리를 바르게 판단하고
일을 잘 처리해 나가는 능력이고
재능은, 어떤 일을 하는 데 필요한 재주나
개인의 타고난 능력 또는 훈련을 통해
얻게 된 능력 등을 말한다.

공자는,
공부의 시작은 나 자신을 정확히 알고
내가 이 공부를 왜, 어째서 하는지와

공부를 통해 무엇을 이루려는지
깨달아야 한다는 것을 말하는 것 같다.

공자의 가르침에서 그 깨달음의 마지막은
'내가 창조주로부터 받은
타고난 재능을 어떻게 써야 하는지
발휘할 수 있는지로 연결된다.'인 것 같다.

높은 차원의 공부를 하다 보면
나보단 남을 배려하는 마음이 먼저 생기고
그것이 창조주의 계획과 섭리라는 것을
알게 되는 게 그 이유다.

창조주의 내게 가진 계획을 알기 위함이
사람이 각자 공부하는 이유와
목적이 되어야 하는 것이다.

나만의 철학을 꼭 만들어 낼 것

노자가 자신을 찾은 공자에게
다음과 같은 내용을 가르쳤다.

'총명하고 통찰력이 있으면
죽음의 위험에 빠질 수 있는데
이것은 타인을 자주 비판하기 때문이다.'
자신이 가진 박식함과 뛰어난 말솜씨로
다른 사람들의 무지와 어리석음을 지적하고 폭로하면
부메랑이 되어서
스스로 죽음을 자초한다는 말이다.

이어서 노자는
'군자란, 내면은 훌륭한 재능을 가지고 있으면서
언뜻 보기에는 멍청한 얼굴을 가지고 있다.'라고
말했다.

위의 말은,
'자신의 주장을 하지 않으면
오히려 상대에게 인정받고
자기 공적을 내세우지 않으면
오히려 상대에게 존경받는다.'란
의미도 내포하고 있다.

노자는 가르침을 마무리하면서,
지도자는 구성원을 지도할 때
겸허한 마음과 뒤에 물러서서 넓은 아량으로
전체를 바라봐야 하는 자세의 중요성을 말하면서
그래야만이 다수의 구성원이 지도자에게
순종하는 마음이 생긴다고 했다.

나는 중국 고전을 좋아해서
노자, 공자, 맹자, 장자 등 할 것 없이
그들의 확실한 이론은 다 알지 못하지만
표지라도 읽어 보려는 자세는 가지고 있다.
그 결과로 정(正)과 인(仁)을 찾았고
살면서 기독교를 받아들이면서
고정적인 정과 인에서 벗어나
'사랑하면서'라는 현재진행형의
삶의 철학을 실천하려 하고 있다.

물론 아직 나의 철학을 제대로 정립하지 못했고
어설픔으로 인하여 아직도 많은 이에게
비판을 받고 있다.

그러나 나는,
'속으로는 뛰어난 식견(識見)을 갖추기 위해
공부하는 데 게으름을 피우지 않을 것이고
겉으론, 부족한 사람으로 보여서
오해를 받는다 하더라도 참아 낼 것이며
그것이 창조주가 내게 주신 사랑을
내가 타인에게 전하는 방법.'이란
나만의 철학을 꼭 만들어 낼 것이다.

당신에게도 때가 되었다는 것

어떤 사람이 같은 시간에
두 집에서 저녁식사 초청을 받았다.
들뜬 기분으로 일찍 나섰고
갈림길에 이르렀다.

어느 집이 내가 좋아하고 더 맛있는 음식을
차렸을까 생각했다.
그는 선택의 기로에 있었던 것이다.

왼쪽 길로 몇 걸음 옮기다가
전에 그 집 주인과 사소한 일로
다투었던 생각이 났다.
맛있는 음식도 좋지만 언짢은 생각이 앞서서
되돌아서 오른쪽으로 향했지만
그 집에서도 전에 겪은
불미스러웠던 일이 떠올랐다.

양쪽을 번갈아 왔다 갔다 하다가
약속 시각이 넘었다.
사람은 하루에도 몇 번씩
크고 작은 결정과 선택을 해야 한다.
결정과 선택은 자신의 생각과 형편대로 할 것이다.

물론 이런저런 일로 한 끼 식사를 거른다 하더라도
숨을 쉬는 데 지장은 없다.
그러나 하나님을 믿고 믿지 않고는
기분에 상관없이 지금 결단해야 한다.

왜냐면, 사람의 목숨은
언제 어찌 될지 모르는
바람 앞의 촛불이기 때문이다.

이 글을 우연히 본 순간,
하나님은 당신에게도 때가 되었다는 것을
알려주는 것이고
스스로 선택할 수 있는 기회를
주고 계시는 것이다.

하늘의 것 땅의 것

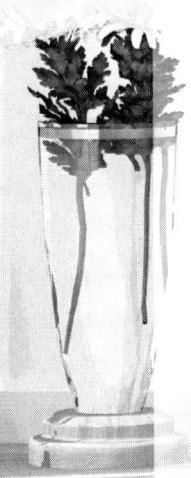

하늘의 것은
본디 하나님 것이다.
땅의 것도
본래 하나님 것이다.
그런데 언제부턴가
땅의 것은
인간의 것이 되어 버린 것 같다.
그러나 처음부터 내 것이 아닌 것을
내 것으로 착각하고 잡으려 했으니
그 인생이 얼마나 고달플까?
이젠 내가 가진 모든 것을
주인에게 되돌려 주는 게 어떨까?

'위의 것을 생각하고 땅의 것을 생각하지 말라
이는 너희가 죽었고 너희 생명이 그리스도와 함께
하나님 안에 감추어졌음리라'

— 골로새서 3장 2, 3절

이 책의 제목『하늘의 것 땅의 것』은 출근해서 커피 한 잔을 들고 찬양과 함께 묵상 중에 떠오른 골로새서 3장 2절 말씀을 기초로 했다. 나는 "위의 것을 생각하고 땅의 것을 생각하지 말라"라고 말씀하신 그 의미를 앞에 두고 문득 얼마 전 어린아이가 "하늘과 바다는 왜 파란색으로 보이는 걸까?"에 대한 질문과 함께 머릿속이 얽혔다.

나는 하나님에 대한 이해가 상대적으로 부족한 사람들에게, 하나님이 위의 것을 생각하라는 의미, 즉 인간이 살면서 왜 하늘의 것에 최우선의 가치를 두어야 하고 찾기 위해 지금 어떤 노력을 해야 하는지에 대한 설명을 하고 싶었다. 또 남보다 더 땅의 것을 갖고 싶어서 지금도 세상 각지에서 열심히 살고 있는 사람들에게 어린아이의 질문을 통해 열심히 사는 것과 옳게 사는 것의 차이를 이해시키려는 목적도 담고 싶었다.

먼저, 짧은 과학 상식을 떠올려서 어린아이의 질문에 대한 답을 보면, '하늘은 태양으로부터 발산된 여러 색깔의 빛이 기체 분자들과 충돌하고 충돌한 기체 분자는 태양빛과 상호작용을 하면서 파란빛을 반사하면서 흩어진다. 이것을 산란 현상이라 하는데 이런 산란 현상으로 인하여 태양빛의 여러 색깔 가운데 파란빛이 우리 눈에 들어오기 때문에 하늘이 파랗게 보인다.'이다.

과학 상식을 모르는 어린아이들은 하늘뿐 아니라 바다를 그림으로 표현할 때도 대부분 파란색으로 칠한다. 물론 바다도 하늘이 파란색으로 보이는 원리와 비슷하다. 그러나 바닷물을 한 컵 퍼 올려 자세히 보면 파란 물이 아닌 투명한 액체다. 이런 원리를 알면, 우리 눈에 보이는 하늘이나 바다는 파란색이 아니고 본래 색깔이 없다. 다만 위에서 짧게 언급한 것처럼, 어떤 현상과 상호작용하게 되면서 그 본래의 색깔이 아닌 다른 색깔을 우리 눈에 보이게 한다. 이 말은, 우리 눈에 보이는 세상 모든 만물과 일어나는 현상은 어쩌면 다 참이 아니고 다른 요소와의 상호작용을 통해 참이 거짓으로 둔갑했다는 말이 된다.

인간은 태어나는 순간부터 시간과 동행하다가 언젠간 죽는다. 한 국가를 좌지우지하는 막강한 권력자도 풍부한 지식과 지혜로 후대에 훌륭한 학문을 남기려는 자도 숫자 단위를 셀 수 없을 정도의 재산을 가진 자도 스스로 자신 이름 석 자조차 기억하고 싶지 않은 사람도 그 시기와 장소만 다를 뿐 예외 없이 죽는다. 그러나 그들은 생의 결과는 달라도 태어나서 죽는 그 순간까지 내 생을 진행하는 동안 어떤 것을 또는 무엇을 선택 또는 결정하면서 사느냐는 자유는 있었다.

하늘과 바다는 무색이지만 내 눈에 파란색으로 보인다고 하늘과 바다의 색이 파란색이 참이라고 계속 고집을 부리다 죽는 것도 색깔이 없다는 것을 빨리 인정하고 또 다른 앎을 위해 다른 분야를 열심히 공부해 보는 것도 각자의 몫이다. 인간은 어제보다 나은 삶을 살기 위해 교육을 받거나 스스로 공부를 통해 더 발전하는 내가 되어서 넓은 세상에 나가 보겠다는 목표가 있다. 그만큼 선택하고 결정하는 것은 중요하다. 그러니 죽을 때 죽더라도 전자보다는 후자의 태도(態度)가 상식적인 가짐이다.

이 책이 좁은 공간에서 숨을 쉬다가 밖으로 나온 또 다른 이유는, 창조주 하나님이 보기 좋게 만들어 둔 하늘의 것과 땅의 것을 두고 일부 교만하고 어리석은 인간 중에 창조주의 계획과 섭리를 부정하는 것을 정중히 경고하기 위함도 담고 있다. 특히 소위 지식인이라 불리는 사람들 중에는 전지적(全知的)인 창조주의 섭리를 1%도 알지 못하면서 티끌만한 자신의 앎을 가지고 무색을 파란색으로 고집하는 태도에서 벗어나지 못하고 있다.

인간의 수명이 창조주의 주권(역대상 29장 11절)에 있듯 인간의 앎도 창조주의 계획에 있다. 즉 창조주를 최우선으로 인정하고 내가 살면서 얻은 지식과 지혜를 나의 안위가 아니라 이웃을 먼저 배려하고 창조주의 영광을 위한 삶을 살 때 인간으로서의 본연의 생이 된다.

『하늘의 것 땅의 것』은 저자의 생활 & 신앙 미셀러니 1집 『커피한 잔이면 지금 문턱을 넘을 수 있다』와 2집 『세상과 하늘 사이』에 이은 세 번째 책이다. 이 책은 1집, 2집과 그 내용이 연결되거나 혹은 일부 내용이 다시 등장하기도 했다. 왜냐하면, 다음과 같은 내용을 전하기 위해 필요했기 때문이다.

눈에 보이는 세계, 즉 땅에서 성공하기 위해 내 인생의 목표와 목적을 두고 수단과 방법을 가리지 않고 옳은 길이 아닌 옳지 않은 길 위에서 열심히 뜀박질하고 있는 사람들에게 땅의 것은 지나가는 바람이요 안개라는 것과 하늘과 바다가 파란색이 아니고 무색이라는 즉 눈에 보이지 않는 세계인 하늘의 것을 인정하고 받아들임으로써 나를 구원하여 주신 창조주 하나님의 놀라운 사랑을 알게 되고 믿음을 통해 현재의 내 삶이 그 어떤 모양이든 감사할 수밖에 없다는 것을 알리려는 데 있다.

모든 영광을 오직 주님께 돌리면서….

'우리가 주목하는 것은 보이는 것이 아니요
보이지 않는 것이니 보이는 것은 잠깐이요
보이지 않는 것은 영원함이라.'

(고린도후서 4장 18절)

하늘의 것 땅의 것

유대인교육과 한국교육을 비교하여
한국교육의 문제점 찾기

목차

I. 서론

1. 연구의 필요성 및 목적

조화태. 전용오. 윤여각. 이동주. 김재웅(2014)[1]은 '교육(敎育)이란 무엇인가'에 대해 답하는 일은 '인간이란 어떤 존재이며, 교육은 인간의 삶에서 어떤 의미가 있는가?'라는 질문에 답하는 일과 밀접하게 관련이 있다고 했다. 즉 교육을 논하기에 앞서 인간이 어떤 존재이고 교육은 인간에게 어떤 의미를 가지고 있는지 선행되어야 한다는 것이다.

그렇다면 '인간이란 어떤 존재인가?'라는 질문부터 해보자. 이 질문은 종교(宗敎)와 철학(哲學)은 물론 모든 학문의 출발이다. 조화태. 전용오. 윤여각. 이동주. 김재웅(2014)은 영적인 존재, 이성적 존재, 사회적 존재 등으로 이 질문에 대한 답을 찾아 간다. 특히 '가능성과 성장의 존재'나 '교육적 존재'는 교육과 밀접한 관련이 있다고 했다.

이들이 기술한 '가능성과 성장의 존재'나 '교육적 존재'를 중심

---

[1] 조화태. 전용오. 윤여각. 이동주. 김재웅 공저, 『교육의 이해』. 2014. 한국방송통신대학교출판문화원.

으로 좀 더 설명해 보면 다음과 같다.

교육은 한자로, 가르치다 '교(敎)'와 기르다 '육(育)'을 쓴다. 무언가를 가르치고 기름으로써 인간 개개인의 가능성을 찾고 성장한다는 의미다. 인간으로서 가능성과 성장을 이루기 위해서는 마땅한 교육을 받아야 하고 교육을 통해서만 인간의 어떤 존재인지에 대한 스스로의 답을 찾아간다. 칸트(I. Kant)[2]가 '교육이 인간을 인간답게 만든다.'라고 한 말도 여기에 근거한다. 교육적 존재도 마찬가지다. 인간은 교육을 통해 자신을 성장, 변화시키고 발전해 나갈 수 있는 존재다. 즉 인간은 '가능성과 성장의 존재'나 '교육적 존재'로 다른 동물과는 다르게 교육을 통해 성장과 발전을 이루어 나가는 자기 형성적인 존재라는 것을 의미한다. 또한 교육을 통해 '사회적 존재'로서의 인간도 있다. 즉 인간은 부모가 속한 사회에서 태어나 자라면서 사회의 한 구성원이 된다. 인간은 사회를 벗어나 살 수 없는 존재고 '인간, 교육, 사회'는 서로 분리할 수 없는 불가분의 관계인 것이다.

'인간. 교육. 사회'는 조화태. 전용오. 윤여각. 이동주. 김재웅 (2014)이 기술한 대로 유기적, 순환적 관계다. 인간이 태어나면 자연스럽게 사회 구성원이 되고 그 사회는 교육을 결정하여 가르치

---

2 임마누엘 칸트(1724~1804): 비판철학을 통해 서양 근대철학을 종합한 철학자.

며 교육을 통해서 참된 인간이 무엇이고 또 어떤 것인지를 배운다. 교육을 통해 인간이 무엇인지를 배우고 혜택을 받은 인간은 또 다른 인간에게 적용할 수 있는 좀 더 나은 교육의 방법이 무엇인지 연구하게 되어 있고 그 연구한 내용은 더 나은 사회를 건설하면서 그 사회가 인간의 삶과 성장의 터전이 되는 유기적, 순환적 관계가 되는 것이다. 다만 유기적, 순환적 관계는 인간에게 유익한 교육만을 전제로 해야 한다. 왜냐면, 참된 교육이 아닌 잘못된 교육은 '인간. 교육. 사회' 등에 부정적 현상으로 일어나기 때문이다.

필자의 논문 제목 「유대인교육과 한국교육을 비교하여 한국교육의 문제점 찾기」는 바로 이 질문에서 시작한다. 교육은 '인간의 성장'을 담고 있다고 했다. 교육이 인간의 참된 성장으로 나타나지 않고 비성장, 정체, 퇴화 등 반대 원인으로 나타나게 되면 교육 방법을 수정하거나 보완해야 한다. 2018년 현재 한국교육은 과거에 비해 양적, 질적 모두 어느 정도 성장을 이룬 건 사실이지만 '인간. 교육. 사회'가 유기 및 순환적 관계로 볼 때 아직도 문제가 있는 건 분명한 사실이다. 이것은 교육을 받아야 할 대상자에게 교육의 기본 구조와 과정, 내용은 갖추어 가되 더 나은 교육 과정과 내용, 즉 방법이 있다면 성장을 위해서 시대에 맞춰 수정 및 보완할 필요가 있다는 것이다.

한국교육의 근본적인 문제는, 교육제도나 정책 등이 정권이 교체될 때마다 함께 바뀌는 데서 시작한다. 교육문제는 단시간 해결될 수 없다. 그래서 교육정책은 백년대계(百年大計)를 기본으로 해야 한다. 이 전제가 본 논문의 필요성과 목적을 동시에 두고 있다.

정권을 잡은 정치인을 비롯하여 교육제도와 정책을 준비하고 시행하는 교육기관 또는 교육 관련 종사자들에게 한국교육의 문제가 시작된다고 말한 가장 큰 이유는, 교육 관련 종사자로서의 부족한 패러다임, 즉 교육이 국가의 미래와 직결된다는 것을 제대로 인식하지 못한 것과 강대국에서 시행했던 교육제도나 정책을 우리 민족의 정서를 무시한 채 무조건적 수용이나 권력자들의 힘에 의해 정치적으로 함께 이용했기 때문이다.

교육제도와 정책도 사람이 한다. 그래서 교육 관련 종사자들이 무엇을 배우면서 성장했느냐와 국가의 사회적, 정치적 배경에 따라 그 결과가 나온다. 근래 들어와서야 교육 분야에 일반인들의 건의나 제안 등이 늘어나고 있다 하더라도 아직도 대부분은 그들이 중심이다. 공무원 정년이 2018년 현재 60세라고 본다면 주로 1960년 이후 태어난 사람들이 대부분 현직에 있을 것이다. 그들이 태어나 성장하던 1960년대는, 한국 사회의 전반적인 분위기는 정치와 경제가 주도했다. 국가의 공교육기관인 학교는 물론 교육 관계자들도 권력자의 하수인에 불과했던 것이다.

한국의 교육 분야는, 일제 강점기와 6.25전쟁을 겪으면서 미국의 영향력이 절대적으로 작용했다. 미국은 기독교 사상과 이념이 바탕인 국가다. 기독교를 국가의 근간으로 한 미국의 교육 제도나 정책은 수천 년간 한국의 바탕 정서였던 유교나 불교의 사상과 직, 간접으로 충돌하면서도 한국의 교육에 지대한 영향을 준 것이다.

그렇다면 세계 최강국을 만든 미국의 교육제도가 왜 한국에 들어와 시행되면서 변질되었을까? 그것은 위에서 언급한 대로, 교육 분야 종사자들이 정권의 하수인에 불과했던 것과 미국 교육제도의 바탕이 된 유대인의 교육을 제대로 이해하지 못한 데서 그 원인을 찾을 수 있다.

미국은 불과 이백오십여 년 전에 신앙의 자유를 위해 대서양을 건넌 청교도 사상[3]을 가진 자들이 기초가 되어 세워진 나라다. 후손들은 그 뜻을 이어받아 오늘날까지도 대통령 취임 시 성경에 손을 얹고 선서를 한다거나 달러에 'IN GOD WE TRUST'라고 인쇄하면서까지 신(하나님)을 경외한다는 것은 알 만한 사람들은 다 안다.

미국은 다양한 민족으로 구성되어 있지만, 실질적으로 미국을

---

3 청교도(淸敎徒): 16~17세기 영국 및 미국 뉴잉글랜드에서 칼뱅주의의 흐름을 이어받은 프로테스탄트 개혁파.

움직이고 있는 민족은 유대인이다. 유대인은 최우선으로 구약성
경과 탈무드를 교육하고 있다. 유대인의 삶을 직접 체험했던 현
용수[4](2007)는 유대인 대부분은 자신의 가정에서 실제 성경과 탈
무드를 중심으로 교육하는 데 하루 교육시간의 60~80%를 치중
하고, 나머지 시간을 세상 학문에 할애하면서도 세계를 좌지우지
하는 힘과 권력 물질을 보유하고 있다고 했다. 그러나 한국은 미
국의 영향력이 국가 전 분야에 분포되어 있음에도 불구하고 국제
사회에서 큰 영향력을 발휘하지 못하고 있다. 이것은 미국의 교육
제도가 나쁜 것이 아니라 제도를 시행하는 과정에서 기존 오랜
시간 축적된 민족의 정서를 대변했던 유교와 불교 등 전통 교육
관을 무시하거나 교육과정과 내용 등이 정권이 바뀔 때마다 함께
바뀌고 그로 인해 일관성 없는 교육제도에서 교육을 받을 대상자
인 학생들이 중심이 아닌 희생양이 되었고 그로 인해 실제 교육
열에 비해 성장하지 못했으며 그런 이유로 결과도 참담한 것이다.
사실, 미국의 시장 경제 논리나 진보주의적 교육관[5] 등은 스스로
준비되지 못한 한국의 교육 관계자보다는 한국의 교육받을 대상
자인 학생들에게 고스란히 닥쳤다.

---

4 현용수: 쉐마교육연구원 원장이자 『유대인의 인성교육 노하우 1, 2, 3집』의 저자.
5 진보주의적 교육관: 1918년 미국의 교육학자, 심리학자들이 결성한 「진보주의 교육협회」를 결성한 데
서 본격적으로 출발한 교육운동.

미국에서의 교육 즉 진보주의적 교육은 현대에 이르러 민주적 교육의 본질을 정립하고 미국 사회뿐만 아니라 현대 교육에 큰 영향을 끼쳤다. 그러나 한국에서는 성적과 입시 위주의 교육 결과만을 추구하고 천재 지식인들만 양성하는 구조가 되었다. 인간 각자의 개성과 다양성을 인정하지 않고 성적과 서열만을 인정하다 보니 나쁜 인성만 갖춘 지식인만이 늘어난 것이다.

지금부터라도 우리 후세에 대한 교육제도나 정책을 세계 중심에 있는 미국교육과 미국 교육의 바탕이 되는 유대인교육을 한국의 정서에 맞게 수정 및 보완해서 시행해야 한다. 특히 인간 각자의 인성과 개성을 중요시하는 유대인교육을 깊이 연구 검토해서 필요한 것은 교육제도와 정책에 적용해야 한다.

2. 연구내용 및 방법

본 논문의 연구내용은, 현대 한국교육에 지대한 영향을 준 미국과 미국교육이 아닌, 수천 년 동안 일관되게 이어져서 지금도 세계를 호령하는 유대인을 먼저 간략하게 알아보고, 이어서 유대인의 교육 지침서와 지침서의 내용과 지침서를 교육하는 방법은 무엇인지도 살펴볼 것이다. 다음으로 비슷한 역사가 있지만, 교육적 측면에서 한국 고유의 것을 제대로 찾지 못하고 오히려 정권이 바뀔 때마다 교육제도나 정책이 갈팡질팡하는 한국교육을 시기별로 알아볼 것이다. 그리고 유대인교육과 한국교육을 비교해 본후에 한국교육의 문제점이 무엇인지 찾고, 찾은 문제점을 수정하고 보완해서 다음 세대에게 어떻게 적용하고 또 어떤 교육 방법이 개인과 국가가 함께 발전할 수 있는지 그 대안(代案)으로 제시할 것이다.

연구 방법은 유대인의 인성교육에 탁월한 식견을 가진 현용수 박사의 『유대인의 인성교육 노하우 1, 2, 3집』을 기본으로 삼고, 한국방송통신대학교 교과서인 조화태. 전용오. 윤여각. 이동주. 김재웅(2014)의 『교육의 이해』와 조화태. 박종배(2016)의 『교육사』를 일부 참고하였다. 또 구글 검색을 통해 전성수의 '노벨상 30%의 비밀, 유대인의 창의교육·창의인재 양성 교육법-하브루타, 교육방법 하나만 바꾸면 된다'와 정소임(2017)의 석사학위논문 「유대인의 탈무드 하브루타에 함축된 존재를 위한 학습의 의미」에서 많은 부분을 발췌(拔萃)했다.

물론 유대인교육이 장점만 있는 게 아니라 단점도 있고 한국교육도 장, 단점이 분명히 있을 것이다. 다만 본 논문에서는 유대인교육의 단점보단 장점 위주로 기술했고, 주 내용은 '탈무드'와 '하브루타'다. 교과서 격인 탈무드와 탈무드의 내용을 놓고 공부하는 방법인 하브루타를 진행하는 방법을 통해서 정권에 따라 수시로 바뀌는 현 한국교육의 문제점 위주로 기술해 나갈 것이다.

II. 유대인교육

1. 유대인이란?

현용수(2007)는 '유대인'이란 어원에 세 가지 명칭을 부여하며 그 어원과 역사적 배경을 설명했다.

첫 번째로는 히브리인(Hebrew)이다. 구약성경 창세기 10장 21절의 '셈은 에벨 온 자손의 조상이요, 야벳의 형이라, 그에게도 자녀가 출생하였으니…'라며 셈족에서 찾고 있는데 이것은 셈족이 에벨의 조상 됨을 말하면서 '에벨(Eber)'이 히브리인에 대한 히브리 단어의 어원이 된다고 했고, 창세기 14장 13절에는 '도망한 자가 와서 히브리 사람 아브람에 고하니'에서 '히브리'란 단어가 처음으로 등장하면서 아브람이 히브리인의 조상이 된다.

두 번째로는 이스라엘(Israel)이다. 이스라엘은 야곱의 또 다른 이름으로 창세기 32장 28절의 '하나님과 사람으로 더불어 겨루어 이기었다'에서 유래한다.

마지막 세 번째로는 유대인(Jews)이다. 유대인이란 명칭은 이스라엘(야곱)의 아들 유다의 이름에서 비롯되었다.

구글 위키 백과에서는 '유대인'을 다음과 같이 좀 더 구체적으로 기술하고 있다. 그 내용은 다음과 같다.

'유대인', '유태인', '유다인'이라고도 불리는데 고대 근동의 이스라엘 민족에서 기원한 민족적, 종교적, 문화적 집단이다. 히브리 성서에 따르면 이스라엘 민족의 가계는 기원전 18세기경에 가나안과 그 주변 지역에 살았던 성서 속 족장들인 아브라함, 이삭, 야곱과 그 부인들인 사라, 리브가, 레아, 라헬로 거슬러 올라간다. 야곱은 자신의 아들이자 당시 이집트의 고관이었던 요셉과 고센 지역에서 함께 살 수 있도록 파라오가 초청하여 자신의 가족들과 함께 이집트로 이주하였다. 하지만 이들 족장들의 후손들은 나중에 이집트의 노예로 전락했으며 이후 모세의 지도하에 이집트를 탈출하게 된다. 보통 이 당시 이스라엘인들의 탈출 시기를 기원전 13세기로 본다.

역사적으로 유대인들은 주로 유다 지파와 시므온 지파의 후손이며 부분적으로는 베냐민 지파와 레위 지파의 후손이기도 하다. 이들 지파는 고대 유다 왕국을 형성했었으며 이 중 유다 지파가 주류였고 베냐민과 레위 지파는 북쪽의 이스라엘 왕국에도 속했었다. 유대인과 가장 가까운 민족은 사마리아인인데, 이들은 연합 왕국 분열 이후 형성된 이스라엘 왕국의 후손이며 그들의 전승에 따르면 에브라임 지파와 므낫세 지파가 이들의 조상이다.

유대인에게 있어서 유대 민족성과 종교는 매우 밀접한 관계가 있는데 이는 유대교가 유대 민족의 전통적인 신앙이기 때문이다. 유대교로의 개종자들은 보통 유대인 사회 내에서 태어날 때부터 유대인이었던 이들과 동등한 지위를 갖는데 이는 주로 유대인과 비유대인과의 결혼에서 유대인의 범위를 정한다. 예를 들면, 유대인 남자와 유대인 여자가 결혼하거나 비유대인 남자와 유대인 여자가 결혼하면 유대인이고, 유대인 남자와 비유대인의 여자가 결혼하면 유대인이 아닌 것이다.

현대 국가의 이스라엘은 유대 국가로 수립되었으며 기본법에서 스스로를 유대 국가로 규정한다. 그렇기 때문에 이스라엘의 귀환법은 이스라엘 시민권을 요구하는 모든 유대인에게 국적 취득을 승인한다. 이스라엘은 유대인이 인구의 대다수를 차지하는 유일한 나라이다.

성서에 따르면 이스라엘 민족은 고대에 두 번 정치적으로 독립을 달성했었다. 첫 번째 시기는 판관 시대와 이후 이어지는 연합왕국 시대였으며 연합 왕국의 몰락 이후 그 영토는 이스라엘과 유다로 분열된다. 유대인이라는 용어는 로마 시대의 유다의 지명이었던 유대아(Judea)에서 유래되었으며 남유다 왕국 출신의 사람을 의미한다. 기원전 587년에는 신바빌로니아의 왕이었던 네부카드네자르 2세가 예루살렘을 포위하고 제1차 성전을 파괴하였으며 유다의 지배층을 추방하였다. 기원전 586년엔 유다가 신바빌로니아의 일부가 되었으며 유다에 남은 유대인들은 나라를 잃게 되었다. 바빌론 유수는 기원전 539년에 페르시아가 바빌론을 정복하고 추방된 유대인들이 유다로 돌아와 성전을 다시 지을 수 있도록 함으로써 끝났다. 제2차 성전은 기원전 515년에 건설이 끝났다. 페르시아령 유다는 페르시아 제국이 알렉산드로스 대제에게 멸망하는 기원전 333년까지 제국에서 평화로운 지역에 속했다. 유대인들은 이후 다시 기원전 140년에서 36년까지 하스모니안 왕조 아래에서 정치적으로 독립을 유지한다.

2. 유대인 교육사상

유대인은 1948년 5월 독립하기 전까지 2천여 년 동안 유럽, 아프리카 등에서 살았다. 독립하기 전 2천여 년간을 타 지역에서 살았다는 것은 본문 Ⅱ.1.에서 기술했듯이 국가적, 민족적인 부침을 의미한다. 이것은 2천여 년 동안 생존하는 방법이 있었다는 것을 의미한다. 유대인은 역사적으로 볼 때 외형적인 자산을 남기는 것은 무용지물이었다. 언제든 전쟁과 테러 속에서 한순간에 국가가 사라질 수 있고 살아남기 위한 생존의 방법이 있었다는 것을 의미한다. 그 의미를 실천하는 방법이 후세에 대한 교육이었다. 고난의 역사를 가진 유대인은 자기 민족에게 부족한 것이 많다는 것과 부족한 만큼 배움을 통해 부족한 만큼 채워야 했고 그 방법을 기록으로 남겼다는 것이다. 정소임(2017)은 이 말을 헤즈키 아리엘리(2013)[6]가 신이 유대인에게 준 세 가지 선물이라고 한 데서 기인하고 그의 말을 인용하여 '부족함. 배움. 책'을 유대인 교육의 사상적 배경으로 설명했다. 그 내용을 간략하게 보면 다음과 같다.

첫째, '부족함'이다. 부족함은 하고자 하는 의욕을 불러일으키는 요인이다. 2천여 년 동안 고난과 핍박의 역사를 가진 유대인은 아무것도 없는 사막에서 살거나 추방을 당하기도 했다. 온갖 박해를 당하면서도 이것을 부족함으로 여기고 항상 배우겠다는 의지를 가지고 새로운 것을 창조해 냈다. 유대인에게 창조는 생존을 위한 꼭 필요한 요소였다는 것이다.

둘째, '배움'이다. 배움, 즉 학습은 부족함에서 나온다고 했다. 끊임없이 학습하는 것은 오랜 시간 동안 겪었던 고난에서 벗어나는 하나의 선물로 여겼다. 사실 유대인들에게 공부를 많이 한 랍비와 교육자는 지금도 가장 존경받는 사람들이기도 하다.

마지막 셋째, '책'이다. 유대인은 부족한 것을 채우고 갖기 위해 배웠으며 배운 것을 기록으로 남겼다. 여기서 책은 단 한 권을 의미하는 것이 아니라 모든 책을 의미한다. 유대인에게 모든 책을

---

6 헤즈키 아리엘리: 이스라엘 요즈마 글로벌 캠퍼스 총장.

의미하는 것이 바로 탈무드다. 유대인은 2천여 년 동안의 역사의 결정체는 탈무드다. 유대인은 탈무드에 담긴 내용을 그대로 따르는 것이 아니라 그 내용을 오늘날까지도 하브루타라는 방식으로 발전시키고 있다.

3. 유대인의 교육지침서 및 학습하는 방법

3-1. 유대인의 교육지침서: 탈무드(Talmud)[7]

구글에 게시된 내용을 토대로 탈무드를 설명하면 다음과 같다.

탈무드란, 모세가 전한 것으로 유대인의 율법 학자들이 사회 전반적인 사상을 모은 구전집이다. 모세의 또 다른 구전 율법집인 미슈나(Mishnah)와 게마라(Gemara)를 병칭하는 용어로서 전 육부 육십삼 편으로 구성되었다. 탈무드는 유대인이 성경 다음으로 중요하게 여긴다. 탈무드는 랍비의 교시를 중심으로 해서 현대 유대교의 주요 교파의 경전으로서 인정하고 있으며, 유대인의 생활과 신앙의 기반이지만, 어디까지나 히브리어로 작성된 문서 집만 경전으로서 인정하고 있다.

탈무드가 미슈나와 게마라를 병칭해서 쓰게 된 이유를 간략하게 보면, 신은 모세로 말미암아 기록된 토라와 다른, 구전으로써

---

7 탈무드(Talmud): 유대인 율법학자들이 사회의 모든 사상에 대하여 구전·해설한 것을 집대성한 책.

구전할 율법을 내려주기도 했다고 한다. 이것이 구전된 율법이다. 이후 2세기 말경 당시 이스라엘 유대인 공동체장이었던 유다가 랍비들을 수차 소집하여 구전된 율법을 책으로서 체계로 작성하는 작업에 착수한 결과 완성된 문서집이 미슈나이다. 본래 구전된 내용이다. 일설에는 제일차 유대 전쟁을 체험하고 유대교 존폐에 위기를 느껴서 구전된 율법을 책으로 편찬하였다고 전한다. 이 미슈나에 주석이 첨부되는 과정에서 현재 판이한 내용인 두 탈무드 팔레스타인 탈무드와 바빌로니아 탈무드가 존재하게 되었다. 현대에 인정되는 탈무드는 바빌로니아 탈무드로서 6세기경에 현재의 형태가 되었다. 당초 탈무드는 미슈나에 덧붙여진 방대한 주석이었지만, 이 주석부는 후에 게마라고 불리게 되어 결국 탈무드라는 말은 미슈나와 게마라를 한데 아울러서 칭하는 용어로 사용되었다.

3-2. 유대인 교육을 학습하는 방법: 하브루타(Havruta)[8]

전성수(2014)의 '질문하는 공부법 하브루타'의 내용을 중심으로 해서 하브루타를 설명하면 다음과 같다.

하브루타는 친구, 우정, 동료, 동반자 관계를 의미하는 히브리어인 하베르에서 유래한 용어로 유대인의 전통적 학습방법이다. 하

---

8 하브루타(Havruta): 영어표기. 짝을 이뤄 서로 질문을 주고 받으면서 공부한 것에 대해 논쟁하는 유대인의 전통적인 토론 교육 방법.

브루타 순서와 방법은 두 사람이 각자가 분석하고 자신의 생각을 조직화하여 상대방에게 설명하고 상대방의 이야기를 듣고 질문하면서 때로는 전혀 새로운 관점을 발견한다. 이 방법은 좁은 의미로는 동급생, 넓은 의미로는 가정, 선생님과 서로 대화함으로써 서로 자기주도 학습능력을 향상하거나 사고력, 창의력을 함양할 수 있는 장점이 있다.

현대에 와서는 하브루타는 '학습 파트너'로 정의된다. 정통 유대교에서 하브루타는 위에서 설명했다시피, 두 명의 학생이 하나하나를 배우는 것을 말했는데 개혁 유대교는 아이디어를 함께 공부하는 두 명, 세 명, 네 명 또는 다섯 명을 포함하는 것으로 확장시켰다.

하브루타는 원래 토론을 함께하는 짝이나 친구, 즉 파트너 자체를 일컫는 말이었다. 그러던 것이 짝을 지어 질문하고 토론하는 교육 방법을 일컫는 말로 확대된 것이다. 하브루타의 기본 원리는 친구와 함께 공부하면서 학생들이 사물에 대해 자신의 견해를 분명히 하고 새로운 내용을 더 알아가는 것에 있다. 친구에게서 배우는가 하면 친구들을 가르치기도 하는 방법인 것으로 학생 하나하나가 상대방에게 중립적인 교사가 되어 서로 최상의 아이디어와 생각을 끌어낸다. 그뿐만이 아니라 교사가 되어 다른 사람을 가르칠 때 짝을 지은 상대방을 가르쳐야 한다는 의무감을 느끼게 되고 주제를 제대로 이해하려는 강한 동기가 생긴다. 이렇게 하면 공부한 내용이 빨리 잊히지 않으며 학생은 교사의 입장을 잘 알 수 있게 되는 것이다. 이처럼 수많은 학생이 둘씩 짝을 지어 토론하고 논쟁하면서 친구가 친구를 가르치는 모습이 하브루타의 학습방법인 것이다.

Ⅲ. 근, 현대의 한국교육

1. 근대의 한국교육

조화태. 박종배(2016)[9]는 한국의 근대교육 시작을 1880년대 신식 학교가 설립된 시기로 보면서 1894년 갑오개혁 이후 제도화되었다고 했다. 즉 한국의 근대교육은 과거의 전통적인 유교식 교육제도가 해체되고 서구식 근대 교육제도가 등장하는 시기이며 한국교육의 근대화 과정은 서구식 교육제도의 수용과정이라고 이어서 말했다. 이들은 한국의 근대교육의 제도적, 사상적 토대는 이미 조선 후기 사회에서부터 다져서 왔다는 것은 18세기 이후 보편화된 서당교육과 실학자들의 진보적 교육 개혁론을 그 예로 들기도 했지만 1880년대에 여러 형태의 신식 학교들이 근대교육으로 전환되는 것을 대세로 만들면서 갑오개혁을 계기로 근대교육이 제도적으로 정착하는 시기라고 했던 것이다.

이들의 저서 한국방송통신대학교 교과서 『교육사』를 참고하여

---

9 조화태. 박종배 공저,『교육사』. 2016. 한국방송통신대학교출판문화원.

신식 학교가 전개되는 순서를 보면 다음과 같다.

첫 번째는 관립 신식 학교다. 1880년대 이후 조선 정부가 신식 학교를 세워 영어와 신학문을 등을 교육하는데 대표적인 신식 학교로는 동문학[10]과 육영공원[11]이다. 동문학은 영어 통역관 양성을 위한 학당으로 출발하였고 육영공원은 미국의 도움을 받아서 엘리트 양성을 위한 관립 학교로 동문학보다는 진일보한 신식 교육 기관이다.

두 번째는 기독교계 신식 학교다. 1880년 이후 기독교계, 즉 개신교계의 교육 사업이 본격화되기 이전 천주교 측에서 충북 제천에 한국 최초의 신학교인 배론신학당[12]이 설립되었다. 배론신학당은 프랑스의 신부들이 조선의 사제 양성을 목적으로 세웠다. 개신교의 교육 사업은 서구의 교육제도와 이념, 내용, 방법 등을 전파하여 큰 성공을 거두기도 했다. 개신교계는 크게 장로교 계열과 감리교 계열로 나누는데 장로교계로는 제중원, 언더우드학당, 정동여학당 등이 있고 감리교계로는 배재학당, 이화학당 등이 있다.

마지막 세 번째는 민간 신식 학교다. 민간학교의 대표적인 신식 학교는 원산학사[13]다. 함경도 원산에 설립된 중등학교로 원산 지역은 오래전부터 일본 상인의 침투에 대응책으로 젊은 세대에게

---

10 동문학: 1883년 8월에 설립된 관립 외국어 교육기관으로 통변학교라고도 함.
11 육영공원: 조선 후기 한국 최초의 근대식 공립교육기관.
12 배론성요셉신학당: 1855년(철종6)에 최초로 설립된 성요셉천주교신학교.
13 원산학사: 1883년 민간에 의해서 함남 원산에 세워진 한국 최초의 근대적 교육기관.

신학문을 교육하는 개량 서당을 운영하다가 정부의 승인을 받아 정식으로 출발하였다.

이렇듯 1880년대 등장한 신식 학교는 1894년 갑오개혁 이후 추진된 여러 교육 개혁을 계기로 조선 사회에 제도적으로 정착하기 시작했다. 갑오개혁은 한 마디로 국가, 사회적으로 전 분야에서 일어난 개혁운동이라고 할 수 있다. 특히 교육 분야에서도 과거 교육제도의 한 형태인 과거제도가 폐지되었고 1895년에는 고종의 교육입국조서[14]가 반포되기도 했다. 교육입국조서의 중심은 덕양, 체양, 지양을 교육의 3대 강령으로 제시했듯이 국내외 정치나 국내의 사회 현상 등을 인식하여 근대적 국민 교육제도의 수립한 계기를 마련하는데 대한제국 시기의 교육이 갑오개혁 이후 추진되어 온 근대적 교육제도 흐름의 성과이기도 하다.

그러나 1905년 일제의 강압에 의해 체결된 을사조약으로 인하여 근대적 교육성과는 일제의 식민 지배 의도에 따라 부정되거나 왜곡되기에 이른다. 특히 통감부[15] 시기의 교육 관계 법규는 기존의 관제나 규칙이 아니라 법령의 형태로 제정, 공포되면서 이 법령들이 1910년 일제 강점기의 교육 관계 법령의 기초가 되었다.

일제 강점기는 식민 지배 의도가 더욱 확고해진다. 1911~1922년

---

14 교육입국조서: 갑오개혁 이후 1895년에 발표된 것으로, '국가의 부강은 국민의 교육에 있다.'라는 내용.
15 통감부: 1906년 2월부터 1910년 8월까지 일제가 한국을 완전 병탄할 목적으로 설치한 감독기관.

제1차 조선교육령 시기, 1922~1938년 제2차 조선교육령 시기, 1938~1941년 제3차 조선교육령시기, 1943년부터 제4차 조선교육령 시기는 일제는 교육을 비롯한 한국의 모든 분야를 전시 총동원 체제로 정책을 추진하면서 한국의 교육 분야는 철저하게 유린당했다.

2. 현대의 한국교육

구글 위키 백과를 참고하여 '대한민국의 교육'을 시기별로 보면 다음과 같다.

2-1. 미군정기(1945년 9월~1948년 8월)의 교육

미군정기란 미국 군부가 한국의 국가의 모든 실권을 쥐고 있는 시기다. 이 시기는 불과 3년밖에 안 된 짧은 기간이었다. 그러나 이 때 현대 한국교육의 기본 틀이 마련되었다는 점에서 한국교육사에서 중요한 시기라고 할 수 있다. 초기의 미군정 당국은 한국사회의 혼란을 염려하여 급격한 교육개혁을 실시하지는 못했다. 그런 이유로 해방 직후 한동안 일제 강점기의 교육제도가 그대로 유지될 수밖에 없었는데 사회가 다소 안정되자 미군정은 38선 이남지역을 민주주의 국가로 만든다는 방침하에 조선인 교육인사들의 도움을 얻어 대폭적인 교육개혁을 단행했다. 특히 헌법에 보장된 지방자치제도를 근거로 하여 미군정 교육담당 고문관들은 교육 자치제도를 주장하기도 했다. 이러한 미군정의 교육개혁은 한국 역사상 가장 큰 교육적 변혁이며 오늘날까지도 한국의 교육에 지대한 영향을 미치고 있다.

2-2. 이승만 정부·장면 정부(1948년~1961년)의 교육

1948년 8월 15일 출범한 제1공화국은 미군정의 통치를 벗어난 명실상부한 주권국가였다. 이는 한국교육의 주권회복을 의미하는 것으로 교육사적으로 매우 중요한 시기다. 제1공화국 정부는 1949년 말 교육의 근간이라고 할 수 있는 교육법을 제정·공포하였는데 그 주요 내용은 교육의 기회균등, 6년간 무상의무교육 실시, 교육이념으로서의 홍익인간 명시, 학생의 인격과 개성존중, 교육의 중립성, 교원의 신분보장 등이었다.

그러나 1950년 6·25전쟁이 발발하게 되자 한국의 교육은 일대 혼란에 빠져들게 되었다. 정부는 이에 대처하기 위해 '전시하교육특별조치요강'을 발표하였는데, 그 내용은 피난학교 설치, 임시교재 및 교과서의 발행, 전시연합 대학의 설립 등이었다. 이는 세계적으로 그 유례를 찾아보기 힘든 것으로서 한국인들의 뜨거운 교육열을 단적으로 보여준 사례였다.

또한 1950년에 700여 명의 교육계 인사와 전문가로 구성되었던 '교육과정심의위원회의' 연구결과를 토대로 1955년 초·중·고등학교 교육과정이 공포되었다. 이것이 바로 '제1차 교육과정'으로서 이는 한국이 자체적으로 만든 최초의 체계적인 교육과정이었다. 이 시기의 교육과정은 학생의 생활경험을 중시하는 미국의 진보주의 교육철학을 반영한 것이었으나 실제 운영에서는 종전과 마찬가지로 교과중심교육으로 전락하고 말았다. 그 이유는 교사들이 학생 본위의 진보주의 교육이념과 교육방법에 익숙하지 않았고, 사회적인 풍토 또한 이를 뒷받침할 만큼의 의식이 성숙되지 않았기 때문이었다. 그러나 진보주의 교육의 최대 장애요인은 역시 입시(입학시험)이었다. 당시 중학교 이상의 학교들은 입시를 통해 학생을 선발하는 방식을 취했기 때문에 입시에 유리한 주입식 교육이 선호될 수밖에 없었다.

이후 4·19혁명을 계기로 출범한 제2공화국(1960~1961)에서는 종전의 자유당 정부의 독재정치의 잔재를 일소하기 위해 사회 전반에 걸쳐 민주화를 추진하였는데, 교육 분야에서는 학원 민주화와 교육자치제 강화방침으로 구체화되었다. 그러나 제2공화국 정부는 이듬해 있었던 5·16 군사 쿠데타로 단기간의 집권으로 끝나면서 제대로 된 교육정책을 시행하지도 못한 채 막을 내렸다.

2-3. 박정희 정부 전반기(1961년~1972년)의 교육

1961년 군사 쿠데타를 통해 집권한 군사정부는 조국의 근대화라는 슬로건으로 내걸고 이를 추진하기 위한 작업으로 교육을

통한 인간개조 운동을 펼쳐나갔다. 또한 1961년에는 학원의 정상화를 통해 양질의 교육을 제공한다는 명목으로 '학교에 관한 임시특례법'을 공포하였는데, 그 내용은, ① 문교부 장관에 대한 학교·학과 통폐합, 학급·학생 정원 재조정 권한 부여 ② 교육감 및 국·공립대학교 총학장 임명제 ③ 교수자격 심사제 ④ 교원의 노동운동 금지 ⑤ 학사자격 국가고시 실시 등이다.

하지만 이 법은 당시 군사정부에 비판적이었던 교수와 대학생 및 대학교 재단 등을 통제하려는 정치적 의도에서 제정된 것이었다. 또한 군사정부는 사친회비가 무상 의무교육정책의 취지에 위배된다는 점을 들어 사친회를 폐지하였는데, 이는 교육재정 확보가 선행된 후에 시행된 조치가 아니었기 때문에 각종 잡부금의 형태로 학부모로부터 필요한 재정을 충당하게 되는 폐단을 가져왔다. 이것은 결국 실속이 없는 전시교육행정에 불과했던 것이다. 1961년에는 교육자치기구인 교육구와 시교육위원회가 폐지되었으며, 1962년에는 교육법을 개정하여 교육행정을 내부행정에 예속시켜 교육자치제를 완전히 폐지하였다.

1963년에는 군사정치가 종료되고 제3공화국이 출범하였다. 제3공화국 기간 동안의 괄목할 만한 교육조치는 1968년의 '중학교무시험진학제도'와 '대학입학예비고사제도' 등 입시제도의 개편을 들 수 있다.

'중학교무시험전형제'는 당시 '7·15어린이 해방'이라고 선전될 정도로 전폭적인 개혁조치였다. 이 무시험 조치로 그동안의 중학교 입시 경쟁에서 빚어진 폐해들이 상당 부분 해소되었는데 문교부에서 제시한 중학교 입시제도 개혁의 취지를 보면, ① 어린이의 정상적 신체발달 촉진 ② 국민학교 교육의 정상화 ③ 사교육비 부담경감 ④ 중학교 간 서열 격차 해소 등이다.

'대학입학예비고사'의 실시는 대학입학의 자격자를 국가가 시험을 통해 선발하고 이들을 각 대학에서 시험을 통해 선발한다는 것이었다. 이 조치에 대해서는 반대 여론이 극심했는데, 대학들은 이 조치가 학생선발과 관련한 대학의 고유 권한을 침해하는 것이라는 이유를 들어 반대했다. 일선 고등학교와 학부모들은 '대학입학예비고사'와 '대학별 고사'의 이중의 입시를 거쳐야 한다는 점을 들어 크게 반대하였다. 그러나 이 제도는 현재까지도 부분적인 개편만 있었을 뿐 큰 틀은 바뀌지 않은 채 지금까지도 지속되고 있다.

제3공화국 기간 동안에 있었던 또 다른 교육조치로는 교육자치제의 부활을 명시한 교육법 제정이다. 그러나 교육법 부칙에 지방자치제가 실시되기 전까지는 교육감과 교육위원을 대통령이 임명한다고 규정함으로써 실질적으로 교육자치제가 부활된 것은 아니었다.

2-4. 박정희 정부 후반기(1972년~1979년)의 교육

제4공화국은 유신헌법을 토대로 한 강압적 통치 시기였다. 이 기간 실시되었던 교육정책 중에 주목할 만한 것으로는 '고등학교 평준화 정책, 실험대학 제도, 대학교수 재임용제 제도' 등을 들 수 있다.

1973년에 발표된 '고등학교 평준화 정책'의 내용은 우선 서울과 부산의 고등학교의 경우 자체 입학시험을 실시하지 아니하고 국가에서 출제·관리하는 연합고사로써 합격자를 선발한 후, 이들을 학군별로 컴퓨터 추첨을 통해 각 고등학교에 배정한다는 것이었다. 당시 문교부는 이러한 개편의 이유를 보면, ① 과중한 학습부담으로 인한 학생들의 신체발달 저해 ② 경쟁심 조성으로 인한 학생들의 심성왜곡 ③ 중학교 교육의 비정상화 ④ 과중한 사교육비로 인한 가계부담 ⑤ 고등학교 간 서열격차 심화 등이다. 이것들은 앞선 시기 제3공화국 때의 중학교 입시제도 개편의 배경들과 크게 다르지 않음을 알 수 있다. 이러한 고등학교 입시제도 개편조치는 입시로 인한 부작용을 완화시킨 것은 사실이었으나, 결국 중학교 교육도 대학입시와 무관할 수 없는 것이었기 때문에 획기적인 성과는 기대할 수 없었다.

다음으로 1973년의 '실험대학 제도'는 대학마다 자체적으로 실험을 통하여 교육의 질을 자율적으로 관리하게 한다는 의도하에서 시행된 것이다. 그러나 실제로는 문교부가 정한 실험대학의 기

준(졸업학점의 조정, 계열별 학생선발, 부전공제도, 조기졸업제도, 계절학기제)을 강제로 적용하려 하였다. 이 때문에 시간이 갈수록 규격화된 실험대학의 숫자가 증가하게 되면서 실험대학 정책은 오히려 대학의 획일화를 조장하는 결과를 초래하였다.

또한 유신정권은 1975년에 교육법을 개정하여 '대학교수 재임용 제도'를 실시하였다. 이는 국·공립대학 교원의 경우 직급에 따라 일정한 계약 기간을 정해 임용하며, 사립대학은 장관이 정하는 바에 따라 기한부로 임용하되 임용 기간이 만료되면 재임용 여부를 다시 결정하게 하는 제도이다. 당시 문교부는 이 정책제도가 대학교육의 질적 향상과 면학 분위기를 조성하기 위한 것이라는 이유를 내세웠으나, 이 제도는 당시 유신정부하에서 민주화 활동에 적극적인 교수들, 특히 사립대학의 경우 재단이나 학교의 부정비리를 폭로한 교수들의 추방에 악용되었다는 점에서 대표적인 교육악법으로 지적받고 있다.

2-5. 전두환 정부(1980년~1988년)의 교육

신군부의 12·12 군사 반란을 통해 출범한 제5공화국 정부는 국민들의 불만을 억압하기 위하여 유신정권 이상으로 강압적인 통치를 펴나가는 동시에, 한편으로는 국민들의 환심을 사기 위한 시책을 실시하는 등 강온전략을 병행하였다. 당시의 '7·30 교육개혁'이라는 정책은 회유책의 맥락에서 이해가 가능하다.

'7·30 교육개혁'은 학교교육의 정상화 및 과열 과외 해소를 기본 취지로 하였으며, 그 구체적인 내용은, ① 과외(사교육)금지 ② 대학본고사 폐지 ③ 고등학교의 내신 성적 및 예비고사 성적에 의한 대학 입학생 선발 ④ 대학 입학정원 확대 및 졸업정원제 실시(졸업정원제는 이후 폐지) ⑤ 고등학교 교육과정 축소 등이다.

특히 당시의 교육당국은 과열 과외가 학교교육의 정상화를 크게 저해할 뿐만 아니라, 가계에 막중한 부담을 안겨주고 계층 간의 위화감을 조성한다고 하여 과외를 비롯한 사교육에 대한 전면적인 금지조치를 단행하였다. 당시 사교육을 하거나 받다가 적발될 경우 학부모는 공무담임권 박탈과 세무사찰, 현직 교수 및 교사는 교직파면이라는 초법적인 제재조치를 받았다. 물론 '7·30 교육개혁'은 과열 사교육의 완화, 재수생의 감소 등의 부분적인 성과를 거두기는 했지만, 대학생 수의 급증으로 인한 대학교육의 질 저하, 대학 졸업정원제의 백지화에 따른 대졸자 취업난, 과외를 대신하는 보충수업 및 자율학습으로 인한 고교생들의 수업부담의 증가 등 많은 부정적인 결과를 초래하였다. 특히 가장 역점을 두었던 과외 금지 조치 역시 비밀과외가 성행하는 등 근본적인 효과를 거두지 못하였다. 이처럼 '7·30 교육개혁'이 한마디로 실패로 끝났던 것은 이 조치가 불과 90일 만에 급조된 데다, 실행 과정에서 국민의 여론에 끌려다니며 일관성을 유지하지 못했던 데 원인이 있는 것이다.

'7·30 교육개혁'이 실패로 돌아가자, 제5공화국 정부는 1985년 대통령 직속기구로 '교육개혁심의회'를 구성함으로써 교육 전반에 걸쳐 개혁을 실시하려 하였다. 이 기구에서는 이후 3년간의 활동을 통해 여러 가지 개혁방안을 만들었으나, 1988년 정권이 교체되면서 당해 방안들은 모두 사문화되었다.

2-6. 노태우 정부(1988년~1993년)의 교육

직선제에 의한 대통령 선출을 규정한 제6공화국의 새로운 헌법에 따라 1988년 노태우가 대통령에 당선됨으로써 제6공화국 1기 정부가 출범하게 되었다. 노태우 정부는 제5공화국 정부와는 차별화된 정책을 펴나가려 했는데, 이때 실시되었던 교육조치로서는 문교부를 교육부로 개칭하고, '교원지위의 향상을 위한 특별법 제정, 지방교육자치제 실시' 등을 들 수 있다.

이 시기의 교육 정책 중 가장 주목할 만한 것은 '지방교육자치제 실시'다. 한국의 교육자치제는 미군정 말기인 1948년 7월에 처음으로 도입된 이래 교육법상에는 있었으나 한 번도 제대로 실시된 바가 없었던 그야말로 유명무실한 제도였다. 특히 그동안 가장 큰 문제가 되었던 것은 교육자치제의 전제조건이라 할 수 있는 지방자치제의 유보였다. 그리하여 그동안 사회 각계에서는 지방자치제의 실시를 요구하는 목소리가 끊이지 않았었다. 노태우 정부는 이 요구를 수용하여 1991년 12월 31일에 지방자치제법을 공포하였고, 이에 따라 이듬해인 1992년 3월에 지방의회 의원선거를 통하여 지방의회의 구성을 보게 되었다. 그 후 지방의회의 추천에 의해 교육위원들이 선출되었고 이로써 교육위원회가 구성됨에 따라 비로소 지방교육자치제의 실시가 이루어지게 되었던 것이다.

2-7. 김영삼 정부(1993년~1998년) 교육

김영삼 대통령은 선거공약에 따라서 취임 1년 후인 1994년 2월 대통령 직속의 '교육개혁위원회(교개위)'를 설치하였다. 그 후 '교개위'는 1년 동안의 활동을 토대로 1995년 5월 31일 '5·31 교육개혁안(1차 개혁안)'을 발표하였는데, 이 개혁안의 보고서 제목은 「세계화·정보화 시대를 주도하는 신교육체제 수립을 위한 교육개혁방안」이었다. 당시 '교개위'가 제시한 신교육체제의 목표는 열린 교육사회와 평생학습사회의 비전을 실현하고, 모든 학습자의 잠재능력을 최대로 계발하며, 세계적 수준의 학문과 과학기술을 창조하고, 종합적 교육지원체계를 마련하는 한편, 교육의 질을 제고한다는 것이었다.

'5·31 교육 개혁안'은 결국 세계화·정보화를 통해 국가 경쟁력을 높이기 위해 교육을 수단화하겠다는 의도로서, 한마디로 경제논리를 교육논리보다 우위에 둔다는 것이었다. 이는 대한제국 말기에 부국강병에 필요한 인재 양성을 위해 구상했던 교육 개혁의 발상 방법과 크게 다를 바가 없는 것이었다.

'교개위'는 이후 2, 3, 4차에 걸쳐 많은 교육 개혁안을 발표하였는데, 그중에서 대학입학제도 개선 방침을 보면, 인간 교육을 강화하고 학교 교육의 정상화를 위하여 1997학년도부터 고등학교 생활기록부를 입시에 반영하며, 모든 대학교가 입시에서 국어·수학·외국어(영어) 위주의 필답고사를 폐지했다. 이 밖에 '교개위'에서는 사교육비 절감 및 불법과외 근절 방침은 당시 문민정부 출범 직후에 불법과외 단속을 국가적 시급 과제로 정하고 강력하게 추진하였다는 사실과 곧이어 고액과외 사기사건이 사회적으로 큰 물의를 일으켰다는 사실 등에 비추어 볼 때 단지 구호에 지나지 않았던 것임을 알 수 있다.

2-8. 김대중 정부(1998년~2003년)의 교육

김대중 국민의 정부는 정부조직 개편을 통해 기존의 교육부를 교육인적자원부로 전환함과 동시에 장관을 부총리로 격상하였으며, 특히 김대중 대통령은 교육 대통령을 자임하며 교육개혁을 위한 정책들을 펴나갔다. 국민의 정부의 교육개혁안 중 먼저 언급할 것은 '교원정년의 단축'이다. 이는 당시 65세였던 교원의 정년을 60세로 단축한다는 것으로서, 노령 교원들의 정년을 앞당기어 확보되는 재원으로 다수의 신임교사를 충원하겠다는 취지였다. 그 후 교원 정년은 우여곡절을 겪다가 결국 62세로 정해지게 되었는데, 이러한 일방적 추진 과정에서 교사들은 자존심에 상처를 입게 되었다. 한편 학생들이나 학부모들의 입장으로서는 열의가 식었을 정년 교사들이 교체된다는 점에 있어서 긍정적인 영향을 미쳤다고 할 수 있다.

국민의 정부 기간 동안의 교육사건 중 주목할 만한 것은 2000년 헌법재판소의 '과외금지위헌판결'이었다. 이로써 정부는 사교육을 금지할 법적인 근거를 상실하게 됨에 따라 사교육의 증가를 막을 수가 없게 되었다. 이러한 상황하에서 이전 정부에서 마련한 7차 교육 과정의 전격적 수용은 학생의 수준과 특성을 고려한 교육을 통해 사교육을 경감하려는 교육 과정의 취지에도 불구하고 우열반 편성에 대한 우려 때문에 사교육을 오히려 확대했다. 또한 2002년의 특기·적성을 중시하는 대학입학제도 개선안은 일선 학교에서 특기·적성 교육 여건이 여의치 않아 결국 사교육에 대한 수요가 대폭 증가하게 되었다. 특히 다양한 입시전형이 도입되면서 이와 관련한 여러 편법 혹은 불법적 현상이 나타나게 됨으로써 사회적 문제가 되었다. 이러한 과정에서 정부의 교육정책 및 공교육에 대한 불신, 그리고 점차 늘어나는 사교육비로 인해 조기유학 및 해외이민자가 급속히 늘어나기 시작하였다.

한편 국민의 정부에서는 교육평등과 사교육비 경감이라는 취지로 대학입시에서 '3불(주) 정책'을 고수하였는데, 이는 '대학본고사·고교등급제·기여 입학제를 금지'한다는 것이었다. 이에 대해 많은 대학들은 입시 자율화를 저해하는 조치라는 이유를 들어 반대하였으며 정책의 타당성을 놓고 사회적으로도 많은 논란을 야기하기도 했다.

2-9. 노무현 정부(2003년~2008년)의 교육

노무현 대통령의 참여정부는 교육개혁을 추진하기 위해 대통령 자문기구인 교육혁신위원회를 설치하여 운영하였다. 동 위원회의 교육개혁 방안으로 주목할 만한 것은 2008년 이후 '대학입학제도 개혁 방안'이었다. 노무현 정부는 수능에 대한 학생들의 압박과 입시경쟁, 대학들의 서열화를 해소하겠다는 이념을 내세워 개혁을 시도하였다. 대학입시에서 내신을 주요 전형 요소로 하되 수능시험은 등급제로 전환하여 반영한다는 내용을 골자로 한 이 개혁안은, 학교 간의 학력 격차가 엄연히 존재하고 있는 상황에서 내신이 신뢰성을 지닐 수 없다는 것과 수능이 등급화되어 변별력을 지닐 수 없다는 점에 대한 비판이 제기되었다. 또한 이 때문에 일부 대학들은 우수한 학생들을 선발하기 위한 자구책으로서 본고사의 논란이 있는 변형된 형태의 논술시험 및 심층면접 등을 실시하려 들었다. 특히 참여정부에 들어와서도 3불 정책을 둘러싸고 정부와 대학들 간의 대립과 사회적 논란이 지속되었다. 노무현 정부 개혁안의 시행 자체가 학력 격차가 존재하는 학교들에 대해 동등한 기회를 주어 보통 교육의 이념을 관철하기 위한 것이었는데, 오랜 기간 대학의 서열화로 자리 잡은 대학 권력과 이러한 권력에 속하고 싶었던 학부모들, 그 권력을 기반으로 하던 대학들의 반발이 만만치 않았다. 이러한 대학 기반 권력, 서열화는 오늘날까지도 한국 사회에서 가장 개혁하기 어려운 사안 중에 하나로 꼽힌다.

한편 당시 고등학생들 사이에는 소위 죽음의 트라이앵글이라는 말이 회자되었는데, 이는 대학입시에서 어느 하나도 소홀히 할 수 없는 수능·내신·논술 시험들이 엄청난 부담을 안겨 줌으로써 학생들의 입장에서는 견디기 힘든 고통을 받을 수밖에 없음을 표현한 말이었다. 이러한 현상은 그동안 역대 정부들이 추진해 온 입시의 다양화가 학생들에게 얼마나 큰 부담이었는지를 단적으로 보여주는 것이었다. 하지만 한 편으로는 다양한 방법으로 입시 기회를 제공했다는 측면에서, 그 이후로는 긍정적인 영향을 미치고 있는 것으로 평가된다.

이 밖에 참여정부 기간 동안 내내 논란의 대상이 되었던 것은 '사립학교법 개정'이었다. 개방형 이사제 도입을 핵심으로 하는 사학법 개정안으로 인해 사학단체들이 강력히 반발하였으며, 정치계뿐만 아니라 국민들의 여론이 분열되기도 하였다. 2005년 말 이 개정안이 통과된 후 얼마 있지 않아 재개정되었으나 사립학교 법인들이 헌법소원을 제기하는 등 갈등 양상은 좀처럼 가라앉지 않았다.

IV. 유대인교육과 한국교육의 비교

유대인의 교육은 오늘날까지 약 4천 2백여 동안 기본과 중심 내용에는 별다른 차이가 없다. 그러나 한국의 교육은 비슷한 역사를 가지고 있음에도 불구하고 본론 III. 근, 현대의 한국교육에서 보듯, 정권이 바뀔 때마다 교육의 기본과 중심도 따라서 바뀐 것을 볼 수 있다. 특히 근대 전까지 유교와 불교의 사상이 한국인의 정서 바탕에 깊숙하게 깔려 있음에도 불구하고 민족의 기본 사상을 무시한 채 세계 지형이 급속하게 변화된 것처럼 교육 분야도 강대국의 힘에 의해 무조건적으로 실시되었다. 바로 이것이 유대인교육과 한국교육의 가장 큰 차이점이다.

유대인교육의 가장 중요한 지침서는 구약성경과 탈무드이고 교육하는 방법은 하브루타다. 유대인은 지침서와 방법을 태어나기 전 어머니의 뱃속에서부터 노인에 이르기까지 가정에서부터 공통으로 가르치고 배운다. 그러나 한국교육은 지침서에 해당하는 교과서와 교과서를 가르치고 배우는 방법도 수시로 바뀌고 오늘날까지도 현재진행형이다. 그런 이유로 세대 간 배운 것이 틀리고 사상과 이념 등도 가지각색일 수밖에 없다. 특히 유대인교육은 상대 간 대화와 토론으로 뛰어난 창의력을 가지고 더 나은 것을 창조하지만 한국교육은 미국의 영향으로 이승만 정권이 실시했던 학교에서의 주입식 교육에 대한 부작용이 정권마다 여실히 드러나고 있다.

전성수는 그 이유를 '노벨상 30%의 비밀, 유대인의 창의교육·창의인재 양성 교육법-하브루타, 교육방법 하나만 바꾸면 된다'에서 한국은 여러 조건에서 유대인보다 앞서고 있는데 왜 현실에서는 뒤지는가?라는 질문을 던지면서 다음과 같이 기술하고 있다.

한국과 유대인은 여러 측면에서 공통점이 있다. 나라와 민족의 역사를 볼 때, 수많은 고난과 박해를 받은 것이나 지정학적으로도 열강의 틈바구니에서 힘겨운 싸움을 하는 것을 포함하여 작은 땅과 소수의 인구, 자녀 교육에 매우 열심이고 단기간에 경제 성장을 이룬 것과 양국 모두 국방비와 교육비 지출이 매우 크고 1948년 독립을 선포하고 정부를 세운 것 등이다. 또한 유대인들은 1,500만 명 정도로 세계 인구의 0.2%, 한국도 8,000만 명 정도로 1.2%에 불과하고 국토도 유대인은 한반도의 10% 정도에 지나지 않는다. 다만 차이점이 있다면, 지능지수에서는 한국인의 평균 IQ가 106으로 유대인의 94보다 월등히 높다. 이것은 세계올림피아드에서 한국은 최상위권이지만 유대인은 순위에 들지 못하는 것이 하나의 예이다. 또한 공부하는 시간도 동일한 교육열에 비해 차이가 난다.

서론에서도 언급했다시피, 교육이 인간으로서 가능성과 성장을 이루기 위함이고 '인간. 교육. 사회'가 유기적, 순환적 관계로 작용하며 상호 간 발전의 의미로 본다면 이해가 되지 않는 부분이 있는 게 사실이다. 전성수는 왜 한국은 최고의 지능과 최고의 교육열이 있음에도 모든 면에서 유대인에게 뒤떨어지는지를 분석해 봤을 때 교육방법을 바꿔야 한다고 주장한다. 특히 한국교육이 오늘날까지도 제대로 바뀌지 않는 '듣고 외우고 시험 보고 잊어버린다.'의 반복이라고 한다.

이것은 근대부터 시작된 주입식 교육 방법이 초등학교부터 대학까지 그 바탕이 된 것을 한국교육의 가장 큰 병폐라고 본 것이다. 특히 하나의 정답만을 요구하는 교육 방식에서 벗어나 하브루타의 교육방법처럼 다양하게 질문하고 대답하는 진행 과정을 통해 좀 더 나은 답을 찾아가는 것이 진정한 교육이 되어야 한다는 것이다. 하브루타 방식이 대화하고 토론하는 것이 주 흐름인 것은 이미 본론 II.에서 기술했다. 전성수는 하브루타는 교육방법은 학습자의 뇌를 격동시켜 사고력을 기르고 다양한 생각과 창의적인 사고를 하게 하며 자기주도의 학습 및 자기 동기 학습이 저절로 가능해지고 소통과 경청 및 설득의 능력을 기를 수 있으며 질문을 통해 스스로 생각하는 능력을 키울 수 있고 상호 간 대화와 토론을 통해 더욱 열심히 공부를 해야겠다는 의지를 높일 수 있고 그로 인해 평생 친구를 얻게 함으로써 교육이 인간이란 무엇인가란 본질과 의미를 찾고 사회에 어떻게 기여하고 살아야 하는지를 알게 해 준다는 것이다.

유대인은 교육의 목적과 내용 방법을 통해 얻은 것을 세계를 움직이는 큰 힘으로 작용시켜 세계의 중심 역할을 하고 있다. 적은 인구수와 작은 국토 등 소수 민족임에도 불구하고 정치, 경제, 문화 모든 분야에서 큰 영향력을 발휘하고 있다. 위인 면면을 보더라도 결코 소수 민족이라고 믿어지지 않는다. 미국의 역대 대통령이었던 루스벨트, 아이젠하워, 케네디 등을 포함하여 과학자 아인슈타인, 영화감독 스티븐 스필버그, 정신분석학자 프로이트, 철학자 스피노자와 현재에 이르러서는 페이스북 창업자 마크 저커버그, 구글 설립자 래리 페이지 등도 유대인이다. 사실 글로벌 시대에서 자본의 힘은 막강하다. 유대인은 세계사에 큰 획을 그은 위인만이 아니라 각종 경제 관련 분야를 포함하여 전 세계인 중에서 거의 30%대에 이를 정도로 각종 노벨상을 차지하고 있다. 이런 예만 보더라도 유대인의 위대성은 결코 작다고 말할 수 없다는 이유가 바로 여기에 있다.

유대인과 공통점이 많은 한국의 현실은 어떤가를 보면, 한국교육이 어떤 문제를 안고 있는지 여실히 드러난다. 한국교육은 무조건 외우는 방식인 주입식 교육이 대표적이다. 정해진 교육과정을 교수자의 일방적인 설명이나 강의를 통해 학생들은 그 어떠한 여과 과정 없이 외워야 한다. 외운 것을 시험을 통해 점수를 획득하고 획득한 점수에 의해 진로가 결정되는 단순 그 자체이다. 다른 학생보다 더 시험 점수를 높이기 위해 선행학습을 하는 것도 문제다. 미리 배우고 외운 것을 학교 수업시간에 또 배우니 학교의 교육과정 자체가 무의미해질 정도다. 한국교육의 또 다른 문제는 학생들에게 자유롭게 지낼 시간을 주지 않는다. 학교 수업이 끝나면 몇 개의 학원이나 과외를 돌 수밖에 없는 과정에서 학생들에게 무거운 숙제까지 줌으로써 잠 잘 시간을 빼앗고 학생들에게 부담을 준다. 이런 부담은 시험이 끝나면 외운 것을 대부분 잊어버리고 아니면 낮은 점수를 받아서 진로가 불투명하게 되면 부모나 선생 등과 갈등을 겪고 급기야는 자살 충동이나 죽음에 이르기도 한다. 이것은 한국의 청소년들이 무엇을 위해 공부를 하는지, 또 자신의 미래는 어떻게 되는지에 대한 무지함과 두려움 등으로 연결되어 OECD 국가 중 청소년행복지수가 현저히 낮은 데서 확연히 드러난다.

아래 표-1과 표-2는 2009년 방정환재단·현대리서치연구소·연세대 공동 연구한 자료이다.

한국 어린이·청소년 행복지수 (순위는 OECD 국가 기준)	
주관적 행복	20위(20개국 중)
가족·친구 관계	12위 (22개국 중)
물질적 행복	10위(24개국 중)
보건과 안전	5위 (25개국 중)
건강관련 행동	4위(18개국 중)
교육	2위(24개국 중)

표-1

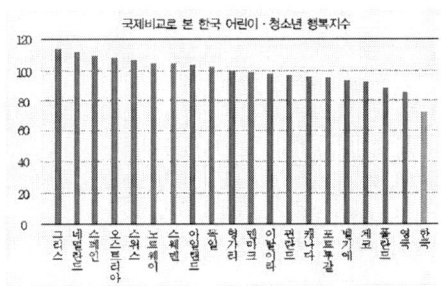

표-2

표-1을 보면, 교육에 관한 순위는 상위권이고 주관적 행복지수는 최하위임을 볼 수 있다. 위 자료가 2009년이지만 2016년 조사에서도 순위는 변함이 없다는 것은 높은 교육열이 인간의 행복과는 별개라는 것을 알 수 있다.

위 표에서도 드러나 있다시피, 한국의 학생들이 학교와 학원 등에서 공부한 양과 공부에 들어간 경제적 지출에 비해 효과와 효

하늘의 것 땅의 것

율이 떨어지는 것은 사실이다. 한국의 학생들은 성인 직장인보다 출근 시간이 빠르고 퇴근 시간은 늦고, 어쩌다 지각 한 번 하면 교사들이 죽이려고 할 정도고, 하교 시간은 늦으면서 숙제는 엄청나게 하고, 사회는 민주주의를 외치면서 학교 시스템은 독재의 하수인처럼 행하고, 야간 자율학습시간이라고 부르면서 강제 학습을 강요하고, 매 학기 받는 성적표는 학생의 생사를 결정짓는 통지서에 해당되고, 방학이라고 하면서 등교해서 보충하라고만 하고, 매일 같이 교육 혁신을 외치며 세계에서 가장 좋은 교육체계를 가졌다고 광고하면서 정착 학생들의 현실은 외면하는 등 정작 성인 세대의 틀에 맞춰 학생들을 교육하는 웃지 못할 교육과정인 것이다.

V. 결론

  본론 Ⅲ. 2.에서, 현대의 한국교육의 기본 틀은 미군정기 시기인 불과 3년밖에 안 되는 짧은 기간에 마련되었고 이 시기의 미군정의 교육개혁은 우리 역사상 가장 큰 교육적 변혁이었으며 그 영향은 오늘날까지도 한국의 교육에 지대하게 미치고 있다고 했다.

  그러나 미군정기를 시작으로 한 현대의 한국교육의 흐름을 살펴보면, 정권이 바뀔 때마다 많은 부분에서 변화되거나 수정되어 온 건 사실이다. 다만 아쉽게도, 교육의 중심에 해당하는 교육 방법은 미군정의 틀 범위에서 벗어난 게 없다. 이것은 미군정의 교육 제도나 정책이 잘못되었다는 게 아니라 좋은 교육 제도와 정책을 한국의 정서와 현실을 무시한 채 시행했다는 것이 잘못되었다는 것이다. 사실 한국은 정치, 경제, 사회 등 국가의 전 분야에서 미국의 영향력에서 자유로울 수 없다. 캐나다와 호주 등과 더불어 미국 선교사들에 의해 기독교 사상을 전수받은 한국은 교육 분야에서도 미국의 제도를 거의 그대로 받아들였기 때문이다. 그러나 한국은 미국의 교육제도를 운용하는 과정에서 기존 오랜 시간 축적된 민족의 정서를 대변한 유교와 불교 등 전통 교육과

불가피하게 충돌하게 되었다. 교육과정과 내용 등이 정권이 바뀔 때마다 함께 바뀌고 그로 인해 주 교육대상자인 학생들만이 희생양이 된 게 한국교육의 문제의 발단이 되었다고 이미 서두에서도 기술했다.

본 논문의 연구의 필요성과 목적을 다시 보면, 미국은 청교도인에 의해 세워지고 그들의 건국이념을 모태로 세계를 호령하는 강한 국가로 이어졌다. 여기서 청교도인이란 유대인과 연결된다. 이것은 유대인의 기본 사상은 절대적인 하나님의 은혜와 계획이 배경이다. 즉 청교도인의 사상과 이념이 유대인과 거의 동일하다는 것을 말한다. 유대인이 수천 년간 이어온 교육 지침서와 방법과 내용으로 소수 민족임에도 세계를 호령하는 것은 그 교육과정을 유대인의 정서와 역사관을 일관되게 유지한 데서 있다.

한국도 한국만의 민족 정서를 기본 바탕 위에 유대인교육의 장점을 받아들여야만 지금보다 나은 한국의 미래가 있게 된다. 미국이 하나님을 중심으로 한 신본주의이었다면, 사실 우리나라의 전통 교육도 인간 개개인의 기본 정신과 인간 사이의 관계와 질서를 중시하는 정신교육에 치중한 편이었다. 정서적으로 부모와 자식, 남편과 아내, 스승과 제자, 어른과 아이 등 위와 아래에 대한 예의와 존중이 있었다는 것이다. 그러나 근, 현대사를 지내면서 물질이 풍성해지므로 인해 전통 질서가 깨져나가기 시작했다.

짧은 시간에 세계 최강대국으로 우뚝 선 미국의 교육 사상이 유대인교육에서 이어졌다면 한국도 하나님의 사명을 받은 미국이 한국에 우여곡절을 겪으면서 들어와 교회, 병원, 학교 등을 세우며 복음이 전파됨으로써 오늘의 한국이 되었다. 이것은 유대인이 하나님의 축복으로 수천 년간 이어져서 세계에 영향력을 끼치고 미국이 유대인의 사상과 이념을 발판삼아 나라를 세워 하나님의 축복으로 초강대국으로 성장했었던 것처럼 끼니 걱정을 하던 한국도 하나님 말씀이 전해지면서 선진국 직전까지 도달했던 것을 인정해야 한다. 물론 한 편으로는 미국이나 한국도 그런 하나님의 가르침을 뒤로하면서 내리막길을 걷는 편도 있지만, 다시 한 번 유대인의 교육에서 좋은 점을 수용하면 퇴보한 것을 오히려 백 배, 천 배로 발전하게 하는 약이 될 것이다.

개인이든 국가든 하락의 가장 큰 이유는 잘못된 교육에서 찾아야 한다. 좋은 교육은 인간과 사회와 유기적, 순환적 관계로 해서 발전을 전제로 해야 하는데 잘못된 교육은 인간과 사회가 무너진다는 것을 의미하기 때문이다. 이제라도 한국교육의 병폐이자 문제인 성적과 입시 위주의 교육 결과를 버리고 유대인교육의 중심어인 '하브루타'를 우리 정서에 접목해서 한국만의 방법으로 수정, 보완하여 한국교육도 발전하는 계기가 되어야 한다.

마지막으로, 한국교육의 문제 3가지만 정리하고 대안을 제시하면서 본 논문을 마무리하고자 한다.

첫째, 교육 제도와 정책을 준비하는 교육기관 및 교육 관련 종사자들은 정권의 정치적 논리에서 벗어나야 한다.

본론 Ⅲ.의 근, 현대 한국교육사에서 보았듯이 교육제도와 정책은 정권이 바뀔 때마다 함께 바뀌었다. 이것은 교육의 혼란과 문제만이 더 커지게 할 뿐이다. 정권을 잡은 자들도 교육만은 교육 관련 종사자들에게 맡겨야 한다. 종사자들도 교육에 대한 사명감을 가지고 정권의 하수인이 아닌 교육받을 대상자의 개개인의 특성에 맞추고 또 지구촌의 변화를 받아들여야 한다. 이제는 한국의 교육 즉, 한국 민족의 정서인 유교와 불교문화와 유대인교육의 장점 등을 혼합하여 유대인의 교육지침서와 교육방법이 수천 년 이어져 내려와서 세계를 지배하듯이 한국도 한국만의 교육지침서와 교육방법을 수립해야 한다. 이것만이 같은 소수민족임에도 지구촌에서의 영향력에서 크게 차이가 나는 유대인과 한국인의 격차를 좁힐 수 있다.

둘째, 학교 교육과정과 방법을 주입 및 암기식과 토론 및 대화식의 비율을 30:70으로 해야 한다.

주입 및 암기식 과목은 교육대상자의 배우고자 하는 목표와 목적을 무시한 채, 정해진 교육과정을 일방적으로 강요하는 방법이다. 이것은 교육대상자의 창의성을 억압하고 가치관에 혼란을 줄 수 있다. 자신의 미래에 대한 아무런 고찰 없이 사회에 나갔을 때

자아정체감 상실로 인해 오히려 사회에 부정적 영향으로 연결될 수 있다. 교육이 인간과 사회 성장을 전제로 한다면 이것은 개인적으로나 국가적으로도 큰 손실이다. 물론 성격상, 주입 및 암기식 방법이 필요한 과목과 토론 및 대화식 방법이 필요한 과목은 구분되어야 한다. 현재 고등학교가 인문계와 이문계로 구분되어 있는 것을 좀 더 숙고하면 된다.

셋째, 공교육, 즉 학교교육을 중심으로 하되, 학교교육 안에 인성교육 시간을 늘려야 한다.

현재의 한국교육은 교권이 추락한 상태다. 이것은 교사에게도 문제가 있지만, 학생들의 인성을 무시한 채 성적 위주의 입시 제도와 학력과 학벌만을 요구하는 국가, 사회적인 문제와 연결된다. 유대인이 어릴 적 가정교육을 통해 세상적 학문이 아닌 인성교육에 중심을 두고 교육한 이유가 바로 여기에 있다. 아무리 지식이 출중하더라도 나 개인이 아닌 나와 너, 우리, 이웃과 사회 국가를 위한 삶을 갖게 하는 교육 그것이 교육이 인간과 사회와 함께 성장해야 하는 이유이고 목적이 되어야 한다. 이제라도 개인의 개성과 개인이 추구하는 삶의 목표에 주안점을 두고 내가 가진 재능을 더불어 사는 이들과 함께하고자 하는 인성교육을 늘려서 자신의 자아정체감을 찾아 인생을 행복하게 살게 해야 한다.

참고문헌

- 현용수 저, 『유대인의 인성교육 노하우 1, 2, 3집』, 2007, 도서출판 쉐마.

- 전성수 저, 『질문하는 공부법 하브루타』, 2014, 라이온북스.

- 조화태. 전용오. 윤여각. 이동주. 김재웅 공저, 『교육의 이해』, 2014, 한국 방송통신대학교출판문화원.

- 조화태. 박종배 공저, 『교육사』, 2016, 한국방송통신대학교출판문화원.

- 전성수, 「노벨상 30%의 비밀, 유대인의 창의교육·창의인재 양성 교육법-하 브루타, 교육방법 하나만 바꾸면 된다」

- 정소임(2017), 「유대인의 탈무드 하브루타에 함축된 존재를 위한 학습의 의미」, 석사학위논문.

- 구글 위키 백과의 '대한민국의 교육'. '유대인'.

- 방정환재단·현대리서치연구소·연세대 공동 연구(2009): '한국 청소년, 주관 적 행복지수 OECD 국가 중 꼴찌'.

- 박한표, '한국 교육이 문제이다', 네이버 검색.

『커피 한 잔이면 지금 문턱을 넘을 수 있다』

커피 한 잔이면
지금 문턱을 넘을 수 있다

백대현 | 13,000원 | 266쪽

죽을 때까지 다가오는 문제만 해결하며 살아가야 하
는 현대인들, 커피 한 잔 마실 시간이면 문제의 원인과
답을 찾을 수 있습니다. 기독교적 신앙과 유교적 중용
中庸을 토대로 마음 편한 삶을 추구하는 한 크리스천
(Christian)의 생활 & 신앙 이야기

"잘 모르겠습니다. ○○님과 이야기하는 게 편합니다."

모 청년이 대화하는 도중에 내게 한 말이다.

"○○야, 나는 나 자신의 발전을 위해 인터넷에서 클럽활동을
했는데 일부 회원에게 모임의 정신적 지주라는 말을 들었단다.
아마 오랜 시간 한결같은 마음으로 그들을 대한 이유와 모임 내
에서 평소 행위를 보고 그리 판단한 거라고 여겨진다. 나는 클럽

게시판과 개인 블로그에 시간이 날 때마다 하고 싶은 말이나 생각을 거짓 없이 알렸고, 상대의 댓글도 받아들이면서 해당 주제에 대한 참과 거짓을 책이나 자료를 연결하여 내 것으로 만들려고 노력했다. 내가 그런 노력을 하는 이유는, 모든 인간은 자신에 대한 생각, 사상, 이념 등은 표출(表出)할 필요가 있고 그것이 인간이 서로 가까워질 수 있는 방법 중 하나라고 생각했기 때문이다. 나와 상대가 서로가 자신의 머리와 마음에 있는 것을 편견 없이 교류할 때 서로에게 믿음을 줄 수 있다는 평소 가짐을 실천했다는 거지. 물론 상대를 이해하는 마음을 갖기까지 현재 내가 가진 신앙이 밑바탕에 깔려 있었기에 가능했다고 말하고 싶다. 지금 네가 내게 편하다고 말한 것도 너의 모든 이야기를 내가 그 바탕 위에서 사심(私心) 없이 받아주었기 때문일 거야…."

얼마 전, 모 집사가 나의 가게 겸 사무실을 사랑방에 비유하며 말한 적이 있다. 다양한 사람들이 들락날락한다는 의미일 것이다. 나는 칭찬으로 받으면서 다음과 같이 그 이유를 설명했다.

"그것은 제 능력과 하등 관계가 없다고 봅니다. 하는 일이 그렇다 보니 내 개인적으로 가장 귀하게 여기는 분들 즉 목사님들부터 동네 불량배까지 가지각색 사람들이 모여들고 또 그들에게 물건을 팔려다 보니 그들의 기분을 맞추려고 노력했을 겁니다. 그 노력은 그들의 입장을 충분히 고려하고 맞장구를 쳐주면서 내 편으로 만들려는 몸부림 아니었겠습니까? 그것은 세상 사는 모든 사람도 마찬가지일거구요. 그 과정이라고 생각하시면 됩니다."

나는 그가 돌아간 후 못다 했던 말을 혼자서 중얼거렸다.

'훌륭한 인격을 가진 목사부터 동네 건달 사이에는 목회하는 분들 중에도 양아치와 같은 마음을 가진 사람이 있었고 양아치 중에서는 오히려 목사를 비롯한 교역자보다 남을 배려하는 마음을 크게 가진 자도 있었다. 나는 내가 하는 일을 통해 한 가지 확신하게 된 것은, 목회하는 사람들은 다 선하고 동네 양아치는 다 나쁘다는 선입견(先入見)을 버렸다는 것이다. 좀 더 솔직히 말하면, 종이 한 장 차이에 불과한 똑같은 죄인일 뿐이다.'

내가 청년에게 말하다 중단했던, 모임에서 정신적 지주라는 말을 들은 것은 다음과 같은 구체적인 이유도 포함될 것 같다.

모임에 나가 보면 세상 팔도에서 모인 남녀가 자리를 차지한다. 술, 담배도 흔하게 하고 노래방이나 나이트클럽도 가고 어쩌면 흥청망청하는 분위기지만 내가 기독교인이라 해서 그 자리를 무작정 박차고 나오지 않았다. 그런 무리 속에는 하나님을 믿으면서도 거짓말을 비롯한 더 큰 죄를 범하는 사람들도 있었고 비록 아직 주님을 영접하진 않았으나 행실이 바른 사람들도 있었다. 다만 기도문을 통해 그들을 위해 기도했고 틈만 나면 왜 하나님을 믿어야 하는지를 간접 설파(說破)했다. 물론 교제 중에 상대가 하나님의 명령에 반대 행위를 하고 있다 해서 그들을 나무라지도 않았다. 위에서도 말했다시피, 우리 인간의 죄는 백지 한 장 차이라는 것을 새기고 있었고 또 교만(驕慢)과 무지(無知)에서 오는 언행이라는 것을 알고 있었기 때문이다.

내게 편하다고 말을 했던 그 청년의 마음에는 이미 대못이 되어 박힌 상처들이 너무 많았던 것 같다. 당시 나는, 목회를 하는 사람이 아니고 교회 밖으로 나오면 교인이자 세상에서는 평범한 사람으로서, 열심히 살고 간절하게 기도만 하면 된다는 어쩌면 상투적으로 들릴 수 있는 신앙의 멘트만으로 그를 위로해 줄 수는 없었다. 신앙의 발전과 변화를 통해, 그의 마음에 평안(平安)을 주는 것은 솔직히 나로서는 아직 할 수 없고 그것은 하나님의 계획과 역사와 하나님의 일을 하는 분들에게 일단 맡겨야 한다고 생각하면서 다음과 같은 말을 이어서 해주고 싶었다.

지금 네 맘에서 요동(搖動)치는 불편한 것들, 즉 가족 간의 불화나 아니면 직장 및 사생활 문제 등은 무조건 엎드려 기도만 한다고 해결될 일이 아니고 그것을 해결하려면 그 전선에 직접 나가야 한다. 네가 결혼을 하고자 한다면 상대 이성을 찾을 수 있는 곳으로 가야지 걸음을 옮기지도 않으면서 이성이 내게 와서, "우리 결혼할까요?" 하리라 기대하는 것은 옳지 않다는 것이다. '기도만 하면 네 반려자까지 하나님이 역사해 주실 것'이라는 목회자들의 막연한 논리(?)만 믿고 한없이 기다리지 말라는 것이다. 네게 닥친 모든 문제는 영적인 흐름에서 온다. 아직 그 흐름을 온전히 깨닫지 못하고 있는 너나 나처럼 평범한 사람에게 믿음이 약하거나 기도가 부족해서 오는 것이라고 말하는 것은 진리임을 알면서도 실천하지 못하는 나약한 인간의 보편적인 마음 중의 하나일 뿐이다.

나는 그 청년에게 우선시되어야 할 것은, 좀 더 강하고 좀 더 간절하게 기도하게 할 수 있는 마음이 우러나게 해주거나 그가 그 결단을 내릴 수 있도록 인생과 신앙의 선배로서 책임지는 자세를 가져야 한다고 말하고 싶다. 청년에게 우러날 수 있는 마음을 주려면 우리 마음에서 사심을 없애야 한다. 즉 사심 없이 그의 말을 들어 주어야 한다.

이 책은, 전문 목회자가 아닌 평신도의 한 사람으로서 나와 이야기를 나누었던 청년에게 '사심 없이 받아 주었기 때문일 거야'에 대한 설명뿐 아니라 현재 외형적인 교회에 뚜렷한 목적이나 목표 없이 출석하는 교인이나 아직도 주님을 알지 못해 세상에서 길을 몰라 방황하고 가슴에 여러 갈래의 색깔로 고민하는 자들이 주님을 영접하고 주님을 통해 영과 육적인 문제를 해결 받고 또 영원한 생명의 길로 가는 데 티끌만큼의 역할을 하고 싶어서 준비했다. 우리 각자가 하나님을 알고 믿게 된 것은 전적으로 하나님의 계획과 역사이지 인간의 역량 때문이 아니다. 어떤 이를 전도한 사람도 누군가에 의해 하나님을 처음으로 접하게 된 사람도 서로 그 원리만은 수용(受容)해야 할 것이다. 하나님과 나 사이에서 공존 공생하는 모든 인간은 각자 하나님께로 온전히 가는 데 있어 서로에게 동역 및 동행자일 뿐 그 이상도 이하도 아닌 것이다. (이하 생략…)

『세상과 하늘 사이』

세상과 하늘 사이

백대현 | 13,000원 | 266쪽

세상과 하늘이 본디 하나임을 깨닫는 순간
내 인생의 미래가 결정된다!
한 크리스천이 온갖 인생의 문제에 시달리는
현대인들에게 전하는 평화와 행복의 메시지

이 책은, "나는 너희처럼 뛰어난 외모도 다양한 스펙도 통장에 쌓아둔 큰 물질도 없어… 그럼 어찌해야 하는 거니?"란 질문으로 시작합니다.

우물 속에서는 내가 가장 잘났다고 살았는데 밖에 나와 보니 나보다 잘난 사람들이 너무나 많습니다. 그로 인한 인간 사이의 상대적 열등감은 나 자신을 힘들게 할 수 있습니다. 하지만 살다 보면 자연스럽게 나 자신이 그 우물을 선택하지 않았다는 사실을, 즉 내가 국가나 지역이나 부모나 성별 등 어느 한 가지도 내 마음대로 내가 선택하지 못했다는 것을 알게 됩니다. 그러므로 열등감은 가질 필요가 없다는 등식(等式)이 성립됩니다.

나 자신을 돌이켜 보면, 일찍 남편을 하늘로 보내고 3남 2녀를 키우시는 어머니에게 든든한 아들 역할을 하고자 했던 것은 나 자신이었지 어머니는 나에게 그 자리를 강요한 적이 없었습니다. 하고 싶었던 공부도 이런저런 핑계로 내가 그만둔 것이었지 형제들은 그 어느 누구도 자기들을 위해 내가 학교를 그만두기를 바란 사람은 없었던 것입니다.

인간은 내 의지와 상관없이 태어납니다. 시간이 흐르면서 천성(天性)에 다양한 삶의 배경이 모여 크게는 내성과 외성으로 또 여러 갈래의 성향으로 드러나게 되고 사람마다 약간의 다름은 있을지언정 나 자신의 못남이나 남보다 가진 게 없거나 뒤떨어지는 것을 본능적으로 세상 탓으로 돌리기도 합니다.

물론 그중에 많은 사람들은 나의 형편과 운명을 바꾸어 보고자 나름대로 노력을 하기 시작합니다. 차츰 의식(意識)이 높아지면서 인간의 삶에 대해 연구했던 동, 서양의 선대 철학자들의 가르침이나 세상에서 성공했다는 사람들의 처세술도 펴게 됩니다. 그러나 '이리 해라 저렇게 해봐라 그리 하면 성공할 것이다!'라고 쓰여 있는 비슷한 내용을 보면서 혹시 하는 마음으로 생의 방향을 바꾸어 보기도 하고 몇 걸음 걷다가 나와 별 차이가 없음을 깨닫고 멈춰 서서 시큰둥한 표정을 짓기도 합니다.

꼬마에게 피자 한 판을 주면 다 먹지도 못하면서 자기 것이라고 누구와도 나누어 먹지 않습니다. 학생들에게 어린이와 똑같은 한 판을 주면 일곱 조각은 먹을 수 있지만 한 조각은 먹을 수 없다는 것을 이미 경험해 봤기 때문에 누군가가 달라 하면 보통 한두 조각 정도는 주기 싫어도 줍니다. 어른이 되면 피자가 있어도 자식이나 지인을 먼저 배려하고 그들이 먹는 모습 앞에서 인간은 '왜 먹어야 하나'를 떠올리게 되고, 자의식(自意識)이 더 높은 사람은 먹고사는 것만이 아니라 인생의 모든 문제는 내 지식과 경험으로는 도무지 완전히 알 수 없고 또 내 마음대로 되는 게 거의 없고 뭔가 알 수 없는 힘과 흐름이 있다는 것을 느끼게 됩니다. 이것을 학문용어로 보면, 산수에서 과학으로 철학으로 종교로 내 의식이 발전하고 있다는 것을 의미합니다. 즉 삶의 고난과 역경, 환란 등을 겪으면서 가슴 밑바닥에서부터 인간은 피조물이라는 것을 점점 확신해 나가게 되고, 꿈틀거리는 영혼으로 인해 눈에 보이지 않는 세계가 있다는 것도 믿게 되는 것입니다.

어느 누구에게나 이즈음이 어쩌면 가장 중요한 시점인데 참된 종교 및 신앙을 갖게 되느냐 아니면 이단 및 사이비 종교에 빠지게 되느냐 하는 분기점(分岐點)에 서게 됩니다. 이때 복 있는 사람은 창조주의 선택을 받게 되는데 주위 인연을 통해, 보잘거없는 나를 위해 자신의 피로 나를 구원하신 분이 있었다는 것을 알게 되면서 받아들이게 됩니다. 눈에 보이지 않는 것을 믿는다는 것은 어쩌면 대단한 용기가 필요합니다. 그 용기와 선택으로 인해 남은 내 인생이 새롭게 탄생되고 변화되는 놀라운 은혜와 감사를 경험하게 됩니다.

이 책은 지은이가 살아오는 동안, 세상에서 느꼈던 메모와 신앙 생활을 하면서 문득 떠올랐던 단상(斷想)과 실제 체험을 통해 변화된 나 자신의 현재 모습입니다. 나의 못남을 남과 세상의 탓으로만 여겼던 어리석었던 자가 많은 고뇌와 시험과 연단을 통해 모든 것이 하나님의 계획과 인도하심이라는 것을 깨닫게 되면서 그 과정을 하나로 묶은 것입니다. (이하 생략…)